delicias al horno

Parragon

Bath · New York · Singapore · Hong Kong · Cologne · Delhi · Melbourne

Diseño de esta edición: Terry Jeavons & Company

Parragon Books Ltd
Queen Street House
4 Queen Street
Bath BA1 1HE, Reino Unido

Traducción del inglés: Montserrat Ribas
para Equipo de Edición, S.L., Barcelona
Redacción y maquetación: Equipo de Edición, S.L., Barcelona

ISBN 978-1-4075-8510-9

Impreso en China
Printed in China

Las cucharadas indicadas en las medidas son rasas: las cucharaditas corresponden a 5 ml y las cucharadas a 15 ml. Si no se especifica otra cosa, la leche es siempre entera; los huevos y las frutas que se indiquen en piezas, por ejemplo, plátanos, son medianos, y la pimienta, negra y recién molida.

Las recetas que llevan huevo crudo o poco hecho no están indicadas para niños, ancianos, mujeres embarazadas ni personas convalecientes o enfermas. Se desaconseja el consumo de cacahuetes o productos derivados a mujeres embarazadas o lactantes.

delicias al horno

introducción

Hornear es, sin duda, la experiencia culinaria más gratificante de todas. Mezclar una serie de ingredientes que en principio no prometen mucho, introducirlos en el horno y sacarlos convertidos en algo absolutamente delicioso es casi un milagro.

No es de extrañar, pues, que todo el proceso tenga algo de misterioso que pueda intimidar al cocinero inexperto. Sin embargo, no es tan difícil como parece hornear un sabroso pastel, un muffin que se deshaga en la boca, su tarta favorita, un pan o una tarta salada, y estos son solo algunos ejemplos de las maravillosas recetas que encontrará en este libro.

Hay toda una serie de utensilios de cocina que vale la pena tener si piensa preparar con regularidad productos horneados. Es imprescindible contar con una variedad de bandejas para el horno, así como con moldes

redondos y cuadrados de distinto tamaño, incluidos uno o dos desmontables para desmoldar un pastel grande fácilmente. Aparte de ello, un par de cuencos donde mezclar los ingredientes, unas cucharas de madera y quizá una batidora eléctrica de mano serán suficientes para empezar.

El robot de cocina es una buena opción que amortizará enseguida. Los diferentes accesorios le permitirán mezclar pastas y masas, batir claras de huevo, montar nata y amasar pan con rapidez y eficacia. Por supuesto, en el pasado los cocineros carecían de todos estos utensilios y lo hacían todo a mano. Y es que diez minutos amasando pan libera tensiones, aparte de producir un resultado fabuloso.

Escoja sus recetas favoritas, prepárelas con confianza y espere el momento culminante de llevarse su deliciosa «creación» a la boca.

pasteles

Aunque los pasteles de la pastelería suelen estar riquísimos, los caseros están mucho más buenos, tal vez porque el cocinero pone un gran sentimiento al mezclar los ingredientes. Si su aspecto no es del todo perfecto, no importa, simplemente le añade encanto.

Existen pasteles diferentes para cada ocasión y este capítulo incluye recetas para todas ellas. Para servir con el café de la mañana pruebe la Torta de jengibre, el Plum cake de mermelada de jengibre o el Plum cake de dátiles y nueces. El sabor de estos pasteles mejora con el tiempo, así es que puede envolverlos en papel de aluminio y guardarlos en un recipiente hermético varios días. Para darse un capricho a la hora de la merienda son perfectos el Bizcocho, la Corona de chocolate y avellanas, el Pastel caribeño de coco, el Pastel de miel y especias y el Pastel de plátano y lima.

Algunos pasteles son un postre fabuloso para la noche. Pruebe la Torta de cielo, el aromático Pastel marroquí de naranja y almendra, el jugoso Streusel de manzana o el especiado Pastel de pera y jengibre. Si lo desea, acompáñelos con una cucharada de nata, helado, crema agria o yogur espeso.

¿Y para las ocasiones especiales? El Pastel de moca, el Pastel de café caramelizado, la Torta de chocolate trufado y el Pastel de chocolate con cerezas... ¡Querrá probarlos todos!

pastel de masa de chocolate

ingredientes

PARA 8 PERSONAS

175 g mantequilla sin sal ablandada, y un poco más para engrasar
175 g de azúcar extrafino rubio
3 huevos batidos
3 cucharadas de sirope de maíz oscuro
40 g de almendras molidas
175 g de harina leudante
1 pizca de sal
40 g de cacao en polvo sin azúcar

glaseado

225 g de chocolate amargo troceado
50 g de azúcar mascabado oscuro
225 g de mantequilla sin sal cortada en dados
5 cucharadas de leche evaporada
1/2 cucharadita de esencia de vainilla

preparación

1 Engrase y forre la base de dos moldes redondos de 20 cm de diámetro. Para preparar el glaseado, ponga en una cacerola de base gruesa el chocolate, el azúcar, la mantequilla, la leche evaporada y la esencia de vainilla. Caliente todos los ingredientes a fuego suave y remuévalos con frecuencia, hasta que se hayan fundido. Pase la mezcla a un bol y déjela enfriar. Tápela y consérvela 1 hora en el frigorífico, hasta que adquiera la consistencia adecuada para extenderla.

2 Coloque en un bol la mantequilla y el azúcar, y bátalos. Vaya añadiéndoles los huevos poco a poco, sin dejar de batir la mezcla. Incorpore el sirope y la almendra molida. Tamice en un bol aparte la harina, la sal y el cacao, y añádalos a la mezcla. Agregue un poco de agua si fuera necesario, hasta que adquiera la consistencia adecuada. Pase la mezcla a los moldes preparados y cuézala en el horno precalentado a 180 °C de 30 a 35 minutos, hasta que esté esponjosa al tacto y una brocheta salga limpia al clavarla en el centro.

3 Deje los pasteles en el molde 5 minutos y, después, deposítelos sobre una rejilla metálica, hasta que se enfríen por completo. Una vez fríos, júntelos colocando la mitad del glaseado en medio. Extienda el resto del glaseado por la superficie y los costados del pastel, dándole un efecto de remolino.

torta de jengibre

ingredientes

PARA 12-16 PERSONAS

450 g de harina
3 cucharaditas de levadura en polvo
1 cucharadita de bicarbonato sódico
3 cucharaditas de jengibre molido
175 g de mantequilla
175 g de azúcar moreno
175 g de melaza oscura
175 g de sirope de maíz oscuro
1 huevo batido
300 ml de leche

preparación

1 Forre un molde para pasteles de 23 x 23 cm con papel vegetal.

2 Tamice sobre un cuenco la harina, la levadura en polvo, el bicarbonato sódico y el jengibre.

3 Ponga en un cazo la mantequilla, el azúcar, la melaza y el sirope, y caliéntelos a fuego lento, hasta que la mantequilla se haya fundido y el azúcar se haya disuelto. Deje enfriar la mezcla un poco.

4 Mezcle el huevo batido con la leche y añádalo a la mezcla enfriada de sirope. Incorpore los ingredientes líquidos a la mezcla de harina y bátalo todo bien con una cuchara de madera, hasta que esté suave y reluciente.

5 Vierta la masa en el molde preparado y cuézala en el nivel medio del horno, precalentado a 160 °C, durante 1 1/2 horas, hasta que suba y esté firme al tacto.

6 Saque la torta del horno y déjela enfriar en el molde. Una vez fría, desmóldela junto con el papel vegetal. Envuélvala con papel de aluminio y consérvela en un recipiente hermético hasta 1 semana, para dejar que aumente su sabor. Córtela en porciones antes de servirla.

plum cake de mermelada de jengibre

ingredientes

PARA 10 PERSONAS

175 g de mantequilla ablandada, y un poco más para engrasar
125 g de mermelada de jengibre
175 g de azúcar moreno
3 huevos batidos
225 g de harina leudante
1/2 cucharadita de levadura en polvo
1 cucharadita de jengibre molido
100 g de pacanas troceadas

preparación

1 Engrase con mantequilla un molde para plum cake de 900 g de capacidad y forre la base y las paredes con papel vegetal. Ponga 1 cucharada de la mermelada de jengibre en un cazo y resérvela. Mezcle el resto de la mermelada en un cuenco con la mantequilla, el azúcar y los huevos.

2 Tamice encima la harina, la levadura en polvo y el jengibre molido, y bata la mezcla hasta que adquiera una consistencia suave. Incorpore 3/4 partes de las pacanas. Pase la mezcla al molde preparado y alise la superficie. Esparza el resto de pacanas por encima y cueza el plum cake en el horno precalentado a 180 °C durante 1 hora, hasta que la masa haya subido y al insertar una brocheta en el centro esta salga limpia.

3 Déjelo enfriar en el molde 10 minutos, desmóldelo y retire el papel vegetal. Póngalo sobre una rejilla metálica hasta que esté tibio. Caliente la cucharada de mermelada reservada a fuego lento, glasee con ella el plum cake y sírvalo cortado en rebanadas.

pastel de zanahoria

ingredientes

PARA 16 PERSONAS

2 huevos
175 g de azúcar de melaza
200 ml de aceite de girasol
200 g de zanahoria rallada gruesa
225 g de harina de trigo integral
1 cucharadita de bicarbonato sódico
2 cucharaditas de canela molida
nuez moscada rallada (aprox. 1 cucharadita)
120 g de nueces troceadas

cobertura

120 g de queso cremoso semidesnatado
4 cucharadas de mantequilla ablandada
85 g de azúcar glas
1 cucharadita de ralladura de limón
1 cucharadita de ralladura de naranja

preparación

1 Bata los huevos en un cuenco y después añada el azúcar y el aceite. Mézclelo todo bien. Incorpore la zanahoria rallada, y tamice encima la harina, el bicarbonato sódico y las especias. A continuación, añada las nueces y mézclelo todo bien hasta que adquiera una consistencia homogénea.

2 Pase la mezcla al molde preparado y cuézala en el nivel medio del horno, precalentado a 190 °C, de 40 a 50 minutos, hasta que la masa haya subido, esté firme al tacto y haya empezado a encogerse ligeramente por los bordes. Sáquelo del horno, déjelo enfriar en el molde hasta que esté tibio y, a continuación, desmóldelo sobre una rejilla metálica.

3 Para preparar la cobertura, ponga todos los ingredientes en un cuenco y bátalos 2 o 3 minutos, hasta que la crema esté bien suave.

4 Una vez frío el pastel, cúbralo con la crema, alísela con un tenedor y espere a que cuaje un poco antes de cortarlo en 16 porciones. Si lo desea, puede conservarlas hasta 1 semana en un recipiente hermético en un lugar fresco.

plum cake de plátano y chocolate

ingredientes

PARA 8 PERSONAS

- 120 g de mantequilla ablandada, y un poco más para engrasar
- 2 plátanos maduros
- 85 g de azúcar extrafino rubio
- 2 huevos
- 220 g de harina leudante
- 25 g de cacao en polvo sin azúcar
- 1 cucharadita de levadura en polvo
- 1-2 cucharadas de leche
- 100 g de gotas de chocolate negro
- mantequilla, para servir (opcional)

preparación

1 Engrase con mantequilla un molde para plum cake de 900 g de capacidad y fórrelo con papel vegetal. Pele los plátanos, póngalos en un cuenco y aplástelos con un tenedor.

2 Añada la mantequilla, el azúcar y los huevos, y tamice encima la harina, el cacao y la levadura en polvo. Bata enérgicamente hasta que la mezcla adquiera una consistencia suave, añadiendo la cantidad de leche necesaria para que no quede demasiado líquida. Agregue las gotas de chocolate.

3 Pase la mezcla al molde preparado y cueza el plum cake en el horno precalentado a 180 °C durante 50 o 60 minutos, hasta que haya subido y al insertar una brocheta en el centro esta salga limpia. Déjelo reposar unos 5 minutos en el molde y después desmóldelo sobre una rejilla metálica y déjelo enfriar por completo. Sírvalo rebanado, con o sin mantequilla.

plum cake de dátiles y nueces

ingredientes

PARA 10 PERSONAS

175 g de mantequilla, y un poco más para engrasar
225 g de dátiles deshuesados picados
la ralladura y el zumo de 1 naranja
50 ml de agua
175 g de azúcar moreno
3 huevos batidos
85 g de harina de trigo integral
85 g de harina leudante
50 g de nueces picadas
8 mitades de nuez
ralladura de naranja, para adornar

preparación

1 Engrase con mantequilla un molde para plum cake de 900 g de capacidad y forre la base y las paredes con papel vegetal. Ponga los dátiles en una cacerola junto con la ralladura y el zumo de la naranja y el agua, y remuévalo todo a fuego medio 5 minutos, hasta obtener un puré de una consistencia suave.

2 Bata en un cuenco la mantequilla y el azúcar y vaya añadiendo los huevos poco a poco. Tamice las harinas y añádalas a la mezcla junto con las nueces picadas. Extienda un tercio de la mezcla sobre la base del molde preparado y la mitad del puré de dátiles por encima.

3 Vaya formando capas siguiendo este pro-ce-dimiento y finalice con la masa de harina. Disponga las mitades de nuez por encima. Cueza el plum cake en el horno precalentado a 160 °C de 1 a 1 1/4 horas, hasta que haya subido y esté firme al tacto. Déjelo enfriar unos 10 minutos en el molde. Desmóldelo, retire el papel vegetal y déjelo enfriar por completo sobre una rejilla metálica. Decórelo con ralladura de naranja y sírvalo cortado en rebanadas.

bizcocho

ingredientes

PARA 8-10 PERSONAS

175 g de mantequilla a temperatura ambiente
175 g de azúcar extrafino
3 huevos batidos
175 g de harina leudante
1 pizca de sal
3 cucharadas de mermelada de frambuesa y 1 cucharada de azúcar extrafino o glas, para servir

preparación

1 Engrase dos moldes para pasteles redondos de 20 cm de diámetro y forre las bases con papel vegetal.

2 Bata la mantequilla y el azúcar con una cuchara de madera o una batidora eléctrica de mano. Vaya añadiendo el huevo poco a poco, batiendo bien tras cada adición.

3 Tamice la harina y la sal, y añádalas a la mezcla con una cuchara de metal o una espátula. Reparta la mezcla entre los moldes y alísela con la espátula. Coloque ambos moldes en el nivel medio del horno precalentado a 180 °C y cueza la masa de 25 a 30 minutos, hasta que haya subido, esté dorada y empiece a encogerse por los lados de los moldes.

4 Retire los bizcochos del horno y déjelos reposar 1 minuto. Pase la punta de un cuchillo romo por el borde de cada molde para desmoldarlos más fácilmente sobre un paño de cocina limpio. Retire el papel vegetal y déjelos invertidos sobre una rejilla metálica (así evitará que queden marcas en la superficie). Una vez fríos, una los dos bizcochos disponiendo la mermelada en medio. Por último, espolvoree la superficie con el azúcar elegido.

pastel de moca

ingredientes

PARA 8 PERSONAS

200 g de harina leudante
1/4 de cucharadita de levadura en polvo
4 cucharadas de cacao en polvo sin azúcar
100 g de azúcar extrafino
2 huevos
2 cucharadas de sirope de maíz
150 ml de aceite de maíz
150 ml de leche
mantequilla, para engrasar

relleno

1 cucharadita de café instantáneo
1 cucharada de agua hirviendo
300 ml de nata espesa
2 cucharadas de azúcar glas

para decorar

50 g de chocolate negro rallado
canutillos de chocolate
azúcar glas, para espolvorear

preparación

1 Tamice en un cuenco la harina, la levadura en polvo y el cacao, y, a continuación, añada el azúcar. Realice un hoyo en el centro y agregue los huevos, el sirope, el aceite de maíz y la leche. Bátalo todo con una cuchara de madera, mezclando los ingredientes secos con los líquidos poco a poco hasta obtener una pasta de consistencia suave. Reparta la mezcla entre tres moldes para pasteles de 18 cm de diámetro ligeramente engrasados.

2 Meta los bizcochos en el horno precalentado a 180 °C de 35 a 45 minutos, hasta que estén esponjosos al tacto. Déjelos reposar 5 minutos en los moldes y después desmóldelos sobre una rejilla metálica para que se enfríen por completo.

3 Para preparar el relleno, disuelva el café instantáneo en el agua hirviendo y póngalo en un cuenco junto con la nata y el azúcar glas. Monte la nata e intercálela entre los tres pisos de bizcocho. Extienda el resto de la crema por la superficie y los costados del pastel. Presione el chocolate rallado contra los bordes.

4 Páselo a una fuente. Esparza los canutillos de chocolate por la superficie. Recorte unas tiras de papel vegetal y colóquelas sobre los canutillos de chocolate. Espolvoree el pastel ligeramente con azúcar glas, retire las tiras de papel con cuidado y sírvalo.

pastel de café caramelizado

ingredientes

PARA 8 PERSONAS

175 g de mantequilla ablandada, y un poco más para engrasar
175 g de azúcar extrafino rubio
3 huevos batidos
225 g de harina leudante tamizada
100 ml de café fuerte
granos de café recubiertos de chocolate, para adornar

cobertura

125 ml de leche
125 g de mantequilla
3 cucharadas de azúcar extrafino rubio
575 g de azúcar glas

preparación

1 Engrase con mantequilla la base de dos moldes para bizcocho de 20 cm de diámetro y fórrelos con papel vegetal. Bata la mantequilla y el azúcar. Después, vaya añadiendo los huevos poco a poco y, a continuación, agregue la harina y el café. Reparta la mezcla entre los moldes preparados e introduzca los bizcochos 30 minutos en el horno precalentado a 180 °C, hasta que hayan subido y los note esponjosos al presionar la parte central. Déjelos enfriar en los moldes 5 minutos, desmóldelos y retire el papel vegetal. Páselos a una rejilla metálica para que se enfríen por completo.

2 Para preparar la cobertura, ponga la leche y la mantequilla en un cazo, y remuévalas a fuego lento hasta que la mantequilla se haya fundido. Retire el cazo del fuego y reserve la mezcla. Ponga el azúcar extrafino en otro cazo de base gruesa y remuévalo con frecuencia a fuego lento, hasta que se disuelva y se caramelice. Retire el recipiente del fuego y añada la mezcla de leche caliente. Ponga el cazo nuevamente al fuego y remueva su contenido hasta que el caramelo se haya disuelto.

3 Retírelo del fuego y vaya añadiendo el azúcar glas poco a poco, sin dejar de batir, hasta que la cobertura tenga la consistencia adecuada para ser untada. Ponga un poco de cobertura entre ambos bizcochos y extienda el resto por la superficie y los costados. Adorne el pastel con los granos de café recubiertos de chocolate.

torta de cielo

ingredientes

PARA 4-6 PERSONAS

225 g de mantequilla sin sal a temperatura ambiente, y un poco más para engrasar
175 g de almendras enteras con piel
225 g de azúcar
3 huevos ligeramente batidos
1 cucharadita de esencia de almendra
1 cucharadita de esencia de vainilla
9 cucharadas de harina
1 pizca de sal

para adornar

azúcar glas, para espolvorear
almendras fileteadas tostadas

preparación

1 Engrase ligeramente con mantequilla un molde redondo de 20 cm de diámetro y fórrelo con papel vegetal.

2 Ponga las almendras en una picadora y píquelas hasta que tengan la consistencia de harina gruesa. Resérvelas.

3 Bata en un cuenco la mantequilla y el azúcar. A continuación, añada los huevos, la almendra y las esencias de almendra y vainilla, y remuévalo todo, hasta que la mezcla adquiera una consistencia homogénea. Agregue la harina y la sal, y remuévalo un poco más, hasta que la harina se haya mezclado con el resto de los ingredientes.

4 Vierta la masa en el molde preparado, o pásela a cucharadas, y alise la superficie. Cueza la torta en el horno precalentado a 180 °C de 40 a 50 minutos, hasta que esté esponjosa al presionarla ligeramente.

5 Retírela del horno, desmóldela y déjela enfriar sobre una rejilla metálica. Para servirla, espolvoréela con azúcar glas y adórnela con almendras fileteadas.

torta de chocolate trufado

ingredientes

PARA 10 PERSONAS

mantequilla, para engrasar
50 g de azúcar extrafino rubio
2 huevos
25 g de harina
25 g de cacao en polvo sin azúcar, y un poco más para adornar
50 ml de café fuerte frío
2 cucharadas de brandy

cobertura

600 ml de nata espesa
425 g de chocolate negro fundido y enfriado
azúcar glas, para adornar

preparación

1 Engrase con mantequilla un molde desmontable de 23 cm de diámetro y forre la base con papel vegetal. Ponga en un cuenco refractario el azúcar y los huevos, y colóquelos sobre una cacerola con agua hirviendo. Bátalos hasta que estén suaves y adquieran una consistencia espumosa. Tamice en un cuenco aparte la harina y el cacao en polvo, y, a continuación, incorpórelos con cuidado a la mezcla de huevos y azúcar. Vierta la mezcla en el molde preparado y cuézala en el horno precalentado a 220 °C de 7 a 10 minutos, hasta que la masa haya subido y esté firme al tacto.

2 Déjela enfriar sobre una rejilla metálica. Lave y seque el molde y vuelva a colocar la torta fría en él. Mezcle el café con el brandy y viértalo sobre la torta.

3 Para preparar la cobertura, ponga la nata en un cuenco y móntela. Incorpore el chocolate enfriado poco a poco. Vierta la mezcla sobre la torta y déjela enfriar en el frigorífico entre 4 y 5 horas, hasta que haya cuajado.

4 Para adornar la torta, tamice un poco de cacao en polvo por encima y desmóldela con cuidado. Con ayuda de unas tiras de cartulina o de papel vegetal, espolvoree bandas de azúcar glas sobre la superficie para obtener un dibujo en forma de rejilla. Para servir la torta, córtela en porciones con un cuchillo caliente.

pastel de almendra y avellana

ingredientes

PARA 8 PERSONAS

4 huevos
100 g de azúcar extrafino
50 g de almendras molidas
50 g de avellanas molidas
$5^{1}/_{2}$ cucharadas de harina
mantequilla, para engrasar
50 g de almendras fileteadas
azúcar glas, para espolvorear

relleno

100 g de chocolate negro
1 cucharada de mantequilla
300 ml de nata espesa

preparación

1 Bata los huevos y el azúcar extrafino durante 1 minuto, hasta que estén suaves y espumosos. Incorpore la almendra y la avellana molidas, tamice la harina y añádala removiéndolo todo con una cuchara de metal o una espátula. Vierta la mezcla en dos moldes redondos de 18 cm de diámetro engrasados con mantequilla y forrados con papel vegetal.

2 Esparza las almendras fileteadas sobre la superficie de uno de los bizcochos y cueza ambos en el horno precalentado a 190 °C entre 15 y 20 minutos, hasta que estén esponjosos al tacto. Déjelos enfriar en los moldes 5 minutos y, a continuación, desmóldelos sobre una rejilla metálica y espere a que se enfríen por completo.

3 Para preparar el relleno, funda el chocolate, retírelo del fuego y añádale la mantequilla. Deje enfriar la mezcla. Monte la nata y agréguela al chocolate, removiéndolo todo para que se mezcle bien.

4 Ponga el bizcocho sin almendras en una bandeja y extienda el relleno por encima. Espere a que cuaje un poco y, a continuación, coloque el bizcocho con almendras sobre el relleno. Conserve el pastel 1 hora en el frigorífico, espolvoréelo con azúcar glas y sírvalo.

pastel marroquí de naranja y almendra

ingredientes

PARA 8 PERSONAS

1 naranja
120 g de mantequilla ablandada, y un poco más para engrasar
120 g de azúcar extrafino rubio
2 huevos batidos
175 g de sémola
100 g de almendras molidas
1½ cucharaditas de levadura en polvo
azúcar glas, para espolvorear
yogur natural, para acompañar

almíbar

300 ml de zumo de naranja
130 g de azúcar extrafino
8 vainas de cardamomo machacadas

preparación

1 Ralle la piel de la naranja, reserve una parte para adornar el pastel y exprima media naranja. Ponga en un cuenco la mantequilla, la ralladura de naranja y el azúcar, y bátalos. Vaya añadiendo los huevos poco a poco.

2 En un cuenco aparte, mezcle la sémola con la almendra molida y la levadura en polvo y, a continuación, añada la crema de mantequilla y el zumo de naranja. Pase la masa a un molde de 20 cm de diámetro engrasado con mantequilla y con la base forrada con papel vegetal, y cueza el pastel en el horno precalentado a 180 °C de 30 a 40 minutos, hasta que haya subido y una brocheta salga limpia al clavarla en el centro. Déjelo enfriar en el molde 10 minutos.

3 Para preparar el almíbar, ponga en un cazo el zumo de naranja, el azúcar y las vainas de cardamomo, caliéntelos a fuego lento y remuévalos hasta que el azúcar se haya disuelto. Llévelo todo a ebullición y déjelo cocer a fuego lento unos 4 minutos, hasta que esté almibarado.

4 Desmolde el pastel en una fuente honda y pinche la superficie caliente con una brocheta. Cuele el sirope en un bol, reparta ¾ partes con una cuchara sobre el pastel y deje reposar el postre 30 minutos. Espolvoree el pastel con azúcar glas y córtelo en porciones. Sírvalo con el resto del almíbar vertido alrededor, acompañado de un poco de yogur adornado con la ralladura de naranja reservada.

corona de chocolate y avellanas

ingredientes

PARA 8 PERSONAS

175 g de mantequilla sin sal ablandada, y un poco más para engrasar
120 g de azúcar moreno oscuro
175 g de harina leudante, y un poco más para espolvorear
1 cucharada de cacao en polvo sin azúcar
1 cucharadita de pimienta inglesa
3 huevos batidos
120 g de avellanas molidas
2 cucharadas de café
azúcar glas, para espolvorear

preparación

1 Engrase con mantequilla un molde alto de corona acanalado y enharínelo. En un cuenco, bata la mantequilla y el azúcar moreno. Tamice en un cuenco aparte la harina, el cacao en polvo y la pimienta inglesa.

2 Incorpore los huevos, uno a uno, a la crema de mantequilla, añadiendo 1 cucharada de la mezcla de harina con el segundo y el tercer huevo. Agregue el resto de la harina, la avellana molida y el café.

3 Pase la masa al molde preparado y cuézala en el horno precalentado a 180 °C de 45 a 50 minutos, hasta que esté esponjosa al tacto. Deje reposar la corona en el molde 10 minutos y después desmóldela sobre una rejilla metálica para que se enfríe por completo. Espolvoréela generosamente con azúcar glas antes de servirla.

pastel caribeño de coco

ingredientes

PARA 8 PERSONAS

280 g de mantequilla ablandada, y un poco más para engrasar
175 g de azúcar extrafino rubio
3 huevos
175 g de harina leudante
1 1/2 cucharaditas de levadura en polvo
1/2 cucharadita de nuez moscada recién rallada
50 g de coco rallado
5 cucharadas de crema de coco
280 g de azúcar glas
5 cucharadas de mermelada de piña
coco rallado tostado, para adornar

preparación

1 Engrase con mantequilla y forre con papel vegetal dos moldes para bizcocho de 20 cm de diámetro. Ponga 175 g de mantequilla en un cuenco junto con el azúcar y los huevos, y tamice encima la harina, la levadura en polvo y la nuez moscada. Bátalo todo hasta que adquiera una consistencia suave y después añada el coco rallado y 2 cucharadas de la crema de coco.

2 Reparta la mezcla entre los moldes preparados y alise la superficie. Métalos en el horno precalentado a 180 °C durante 25 minutos, hasta que los bizcochos estén dorados y firmes al tacto. Déjelos 5 minutos en los moldes y después páselos a una rejilla metálica, retire el papel vegetal y déjelos enfriar por completo.

3 Tamice el azúcar glas en un bol y añada el resto de la mantequilla y de crema de coco. Bátalo todo hasta que adquiera una consistencia suave. Extienda la mermelada de piña sobre uno de los bizcochos y remate con algo menos de la mitad de la crema de mantequilla. Coloque el otro bizcocho encima, extienda el resto de crema de mantequilla sobre el pastel y espolvoréelo con el coco tostado.

pastel de miel y especias

ingredientes

PARA 8 PERSONAS

150 g de mantequilla, y un poco más para engrasar
120 g de azúcar moreno
175 g de miel
1 cucharada de agua
200 g de harina leudante
1/2 cucharadita de jengibre molido
1/2 cucharadita de canela molida
1/2 cucharadita de semillas de alcaravea
las semillas trituradas de 8 vainas de cardamomo
2 huevos batidos
350 g de azúcar glas

preparación

1 Engrase un molde para pastel acanalado de 875 ml de capacidad. Ponga en un cazo de base gruesa la mantequilla, el azúcar, la miel y el agua. Caliéntelo todo a fuego lento, hasta que la mantequilla se haya derretido y el azúcar se haya disuelto. Retírelo del fuego y déjelo enfriar 10 minutos.

2 Tamice la harina sobre un cuenco y mézclela con el jengibre, la canela, las semillas de alcaravea y el cardamomo. Realice un hoyo en el centro. Agregue la mezcla de miel y los huevos, y bátalo todo bien, hasta que adquiera una consistencia suave. Vierta la masa en el molde preparado y meta el pastel en el horno precalentado a 180 °C de 40 a 50 minutos, hasta que haya subido y al clavar una brocheta en el centro esta salga limpia. Déjelo enfriar en el molde 5 minutos y después páselo a una rejilla metálica para que se enfríe por completo.

3 Tamice el azúcar glas en un cuenco y añada la cantidad de agua caliente suficiente para preparar una cobertura suave y algo líquida. Con una cuchara, vierta la cobertura sobre el pastel, dejando que caiga por los lados, y espere a que cuaje.

pastel de chocolate

ingredientes

PARA 10-12 PERSONAS

100 g de pasas
la ralladura y el zumo de 1 naranja
175 g de mantequilla cortada en dados, y un poco más para engrasar el molde
100 g de chocolate negro, como mínimo con un 70 % de cacao, troceado
4 huevos grandes batidos
100 g de azúcar extrafino
1 cucharadita de esencia de vainilla
50 g de harina
50 g de almendras molidas
1/2 cucharadita de levadura en polvo
1 pizca de sal
50 g de almendras peladas, tostadas y picadas
azúcar glas tamizado, para adornar

preparación

1 Ponga las pasas en un bol, añada el zumo de naranja y déjelas en remojo 20 minutos. Forre un molde para pasteles de base desmontable y 25 cm de diámetro con papel vegetal. Engrase el papel y reserve el molde.

2 Funda la mantequilla y el chocolate en un cazo a fuego medio sin dejar de removerlos. Retire el recipiente del fuego y deje enfriar su contenido.

3 Con una batidora eléctrica de mano, bata los huevos con el azúcar y la vainilla 3 minutos, o hasta que adquieran una consistencia ligera y esponjosa. Añada la mezcla fría de chocolate.

4 Escurra las pasas si no han absorbido todo el zumo de naranja. Tamice la harina sobre la mezcla de huevo y chocolate, y agregue la almendra molida, la levadura en polvo y la sal. Añada las pasas, la ralladura de naranja y la almendra picada, y mézclelo todo bien.

5 Vierta la masa en el molde con una cuchara y alise la superficie. Introduzca el pastel en el horno precalentado a 180 °C unos 40 minutos, hasta que al clavar un pincho en el centro este salga limpio y el pastel empiece a desprenderse de los costados del molde. Déjelo enfriar en el mismo molde 10 minutos, desmóldelo y deposítelo sobre una rejilla metálica hasta que se enfríe por completo. Espolvoréelo con azúcar glas antes de servirlo.

pastel de frutas

ingredientes

PARA 4 PERSONAS

mantequilla, para engrasar
175 g de dátiles frescos
125 g de ciruelas pasas que no precisen remojo
200 ml de zumo de naranja natural
2 cucharadas de melaza
1 cucharadita de ralladura fina de limón
1 cucharadita de ralladura fina de naranja
225 g de harina leudante integral
1 cucharadita de mezcla de especias (canela, jengibre, nuez moscada y macis)
125 g de pasas de Corinto
125 g de pasas rubias
125 g de pasas de Esmirna
125 g de arándanos secos
3 huevos grandes con las yemas separadas de las claras
1 cucharada de mermelada de albaricoque caliente

cobertura

125 g de azúcar glas, y un poco más para espolvorear
1-2 cucharaditas de agua
1 cucharadita de esencia de vainilla
tiras de piel de naranja y de limón, para adornar

preparación

1 Engrase con mantequilla y forre con papel vegetal un molde para pastel redondo y hondo de 20 cm de diámetro. Pique los dátiles y las ciruelas pasas, y póngalo todo en un cazo. Vierta encima el zumo de naranja y caliéntelo a fuego lento 10 minutos. Retire el cazo del fuego y bata la mezcla hasta hacer un puré. Añada la melaza y las ralladuras de limón y naranja, y déjelo enfriar.

2 Tamice la harina y las especias en un cuenco, añadiendo el salvado que pudiera quedar en el tamiz. Incorpore las frutas secas. Una vez frío el puré de dátiles y ciruelas, añada las yemas de huevo y bátalo. Monte las claras a punto de nieve en un bol aparte. Vierta el puré de frutas en el recipiente que contiene los ingredientes secos y mézclelo todo bien.

3 Incorpore la clara de huevo poco a poco. Pase la masa al molde preparado y cuézala en el horno precalentado a 160 °C durante 1 1/2 horas. Déjela enfriar en el mismo molde.

4 Desmolde el pastel y unte la superficie con mermelada. Para preparar la cobertura, tamice el azúcar en un bol y añada el agua y la esencia de vainilla hasta obtener una mezcla de una consistencia suave. Extienda la cobertura sobre el pastel y pula los bordes. Adorne el postre con piel de naranja y de limón.

pastel de chocolate con cerezas

ingredientes

PARA 1 PASTEL DE 23 CM DE DIÁMETRO

3 cucharadas de mantequilla sin sal fundida, y un poco más para engrasar
900 g de cerezas frescas deshuesadas y partidas por la mitad
250 g de azúcar extrafino
100 ml de brandy de cereza
100 g de harina
50 g de cacao en polvo sin azúcar
1/2 cucharadita de levadura en polvo
4 huevos
1 litro de nata espesa
chocolate negro rallado
cerezas frescas enteras, para adornar

preparación

1 Engrase con mantequilla y forre con papel vegetal un molde para pasteles desmontable de 23 cm de diámetro. Ponga las mitades de cereza en una cacerola con 3 cucharadas de azúcar y el brandy. Cuézalo a fuego lento unos 5 minutos. Cuélelo y reserve el almíbar. En un cuenco, tamice la harina con el cacao y la levadura en polvo.

2 Ponga los huevos en un cuenco refractario y bátalos con 160 g del azúcar. Coloque el cuenco sobre una cacerola con agua hirviendo a fuego lento y bata la mezcla unos 6 minutos, hasta que se espese. Retire el recipiente del fuego y vaya añadiendo poco a poco la mezcla de harina y la mantequilla. Páselo al molde y meta el pastel en el horno precalentado a 180 °C durante 40 minutos. Sáquelo del horno y déjelo enfriar.

3 Desmolde el pastel y córtelo por la mitad en sentido horizontal. Mezcle la nata con el resto del azúcar. Unte las dos mitades del pastel con el almíbar reservado por la superficie de corte. Disponga las cerezas sobre una mitad, extienda una capa de nata encima y cúbrala con la otra mitad del pastel. Extienda el resto de la nata sobre la superficie, esparza el chocolate rallado por todo el pastel y adórnelo con las cerezas enteras.

pastel de arándanos y limón

ingredientes

PARA 12 PERSONAS

225 g de mantequilla ablandada, y un poco más para engrasar
225 g de azúcar extrafino rubio
4 huevos batidos
250 g de harina leudante tamizada
la ralladura fina y el zumo de 1 limón
25 g de almendras molidas
200 g de arándanos frescos

cobertura

el zumo de 2 limones
120 g de azúcar extrafino rubio

preparación

1 Engrase con mantequilla y forre con papel vegetal la base de un molde para pasteles de 20 x 20 cm. Bata la mantequilla y el azúcar en un bol hasta que tengan una consistencia ligera y esponjosa. Vaya añadiendo los huevos poco a poco y agregue un poco de harina hacia el final para evitar que se corten. Añada la ralladura de limón y, a continuación, el resto de la harina, las almendras y la cantidad suficiente de zumo de limón para que la masa no quede demasiado espesa.

2 Incorpore 3/4 partes de los arándanos y pase la masa al molde preparado. Alise la superficie y esparza el resto de arándanos por encima. Meta el pastel en el horno precalentado a 180 °C durante 1 hora, hasta que esté firme al tacto y al clavar una brocheta en el centro esta salga limpia.

3 Para preparar la cobertura, mezcle en un cuenco el zumo de limón con el azúcar. En cuanto saque el pastel del horno, pínchelo con una brocheta fina y vierta encima la mezcla de limón. Déjelo enfriar por completo en el propio molde y luego córtelo en 12 porciones para servirlo.

streusel de manzana

ingredientes

PARA 8 PERSONAS

120 g de mantequilla, y un poco más para engrasar
450 g de manzanas ácidas
175 g de harina leudante
1 cucharadita de canela molida
1 pizca de sal
120 g de azúcar extrafino rubio
2 huevos
1-2 cucharadas de leche
azúcar glas, para espolvorear

cobertura

120 g de harina leudante
6 cucharadas de mantequilla
85 g de azúcar extrafino rubio

preparación

1 Engrase con mantequilla un molde para pasteles desmontable de 23 cm de diámetro. Para preparar la cobertura, tamice la harina en un cuenco, añada la mantequilla y trabájela con las manos hasta que adquiera la consistencia del pan rallado. Incorpore el azúcar y reserve la mezcla.

2 Pele las manzanas, retíreles el corazón y córtelas en rodajas. Para preparar el pastel, tamice la harina en un cuenco con la canela y la sal. Ponga en un cuenco aparte la mantequilla y el azúcar, y bátalos hasta obtener una consistencia ligera y esponjosa. Vaya añadiendo los huevos poco a poco y agregue un poco de la mezcla de harina con el último huevo. Incorpore la mitad del resto de la mezcla de harina y, por último, la mezcla de harina restante junto con la leche.

3 Vierta la masa en el molde preparado con una cuchara y alise la superficie. Cúbrala con las rodajas de manzana y extienda la cobertura por encima. Cueza el streusel 1 hora en el horno precalentado a 180 °C, hasta que esté dorado y firme al tacto. Déjelo enfriar en el molde antes de desmoldarlo. Espolvoréelo con azúcar glas antes de servirlo.

pastel de plátano y lima

ingredientes

PARA 10 PERSONAS

mantequilla, para engrasar
300 g de harina
1 cucharadita de sal
1 1/2 cucharaditas de levadura en polvo
175 g de azúcar moreno apelmazado
1 cucharadita de ralladura fina de lima
1 huevo batido
1 plátano triturado con 1 cucharada de zumo de lima
150 ml de queso cremoso desnatado
120 g de pasas rubias

cobertura

120 g de azúcar glas
1-2 cucharaditas de zumo de lima
1/2 cucharadita de ralladura fina de lima

para adornar

chips de plátano frito
ralladura fina de lima

preparación

1 Engrase con mantequilla y forre con papel vegetal un molde para pastel redondo y hondo de 18 cm de diámetro. Tamice en un cuenco la harina, la sal y la levadura en polvo, y añada el azúcar y la ralladura de lima.

2 Realice un hoyo en el centro de los ingredientes secos y agregue el huevo, el plátano, el queso cremoso y las pasas. Mézclelo todo hasta que adquiera una consistencia homogénea y, con una cuchara, pase la masa al molde y alise la superficie.

3 Meta el pastel en el horno precalentado a 180 °C de 40 a 45 minutos, hasta que esté firme al tacto o hasta que al clavar una brocheta en el centro esta salga limpia. Deje enfriar el pastel en el molde 10 minutos y, a continuación, desmóldelo sobre una rejilla metálica y espere a que se enfríe por completo.

4 Para preparar la cobertura, tamice el azúcar glas en un bol y mézclelo con el zumo de lima hasta formar una cobertura suave, pero no demasiado líquida. Añada la ralladura de lima. Rocíe el pastel con la cobertura, dejando que se deslice por los costados. Adórnelo con chips de plátano frito y ralladura de lima. Déjelo reposar unos 15 minutos para que cuaje la cobertura y córtelo en 10 porciones.

pastel de pera y jengibre

ingredientes

PARA 6 PERSONAS

200 g de mantequilla sin sal ablandada, y un poco más para engrasar
175 g de azúcar extrafino
175 g de harina leudante tamizada
1 cucharada de jengibre molido
3 huevos ligeramente batidos
450 g de peras peladas, sin el corazón, cortadas en rodajas finas y rociadas con zumo de limón
1 cucharada de azúcar moreno
helado o nata ligeramente montada, para acompañar (opcional)

preparación

1 Engrase ligeramente con mantequilla un molde hondo para pasteles de 20 cm de diámetro y forre la base con papel vegetal.

2 En un cuenco, mezcle toda la mantequilla menos 2 cucharadas con el azúcar extrafino, la harina, el jengibre y los huevos. Bátalo todo con las varillas manuales hasta que adquiera una consistencia suave.

3 Pase la mezcla al molde preparado y alise la superficie con una espátula. Disponga las rodajas de pera sobre la masa, espolvoréela con el azúcar moreno y trocee la mantequilla restante por encima.

4 Cueza el pastel en el horno precalentado a 180 °C durante 35 o 40 minutos, hasta que esté esponjoso y dorado por encima. Sírvalo caliente, y si lo desea acompáñelo con helado o nata montada.

pastas y galletas

Pequeños bocados dulces, como los muffins, las magdalenas, las pastas en general o las galletas, tienen un atractivo muy especial, tal vez porque parecen hechas justo a la medida de un capricho.

A los niños les encantan, así es que les gustará mucho encontrarlas en la bolsa del almuerzo. Tras una ajetreada mañana, afrontarán con más energía las actividades de la tarde después de comer una Magdalena con miel, un Cuadradito de fruta y avellanas o un Bocadito de avellanas y copos de avena. Asimismo, para la merienda, déjelos disfrutar con una Magdalena de mantequilla de cacahuete glaseada, una jugosa Magdalena de jengibre, una Magdalena de plátano y pacanas o una Magdalena mariposa. ¡Se chuparán los dedos!

A los adultos les gusta todo aquello que tenga un toque pecaminoso, y a poder ser con chocolate, ¡quizá como rebeldía por haber dejado de ser niños! Las Magdalenas con chocolate glaseado, las Tentaciones de chocolate y las Magdalenas rellenas de chocolate caliente son una verdadera tentación.

En momentos relajados, se puede disfrutar de los Muffins de caramelo y cacahuete, los Muffins de higos y almendras, las Galletas de lavanda o las Magdalenas con pétalos de rosa, con su delicada cobertura de color rosa. Todos ellos constituyen auténticas delicias para servir en un cumpleaños o un aniversario.

magdalenas con miel

ingredientes

PARA 12 UNIDADES

85 g de harina leudante
1/4 de cucharadita de canela molida
1 pizca de clavo molido
1 pizca de nuez moscada rallada
6 cucharadas de mantequilla ablandada
85 g de azúcar extrafino
1 cucharada de miel
la ralladura fina de 1 naranja
2 huevos ligeramente batidos
40 g de nueces picadas

cobertura

15 g de nueces picadas
1/4 de cucharadita de canela molida
2 cucharadas de miel
el zumo de 1 naranja

preparación

1 Ponga 12 capacillos de papel en un molde para magdalenas o 12 capacillos de doble capa en una bandeja del horno.

2 En un cuenco, tamice la harina, la canela, el clavo y la nuez moscada. Ponga la mantequilla y el azúcar en un cuenco aparte y bátalos hasta que queden ligeros y esponjosos. Añada la miel y la ralladura de naranja, y agregue los huevos poco a poco, batiéndolo todo bien tras cada adición. Con una cuchara de metal, incorpore la mezcla de harina y las nueces. Pase la mezcla a los capacillos.

3 Cueza las magdalenas en el horno precalentado a 190 °C unos 20 minutos, hasta que hayan subido y estén doradas. Déjelas enfriar sobre una rejilla metálica.

4 Para preparar la cobertura, mezcle las nueces con la canela. Ponga en un cazo la miel y el zumo de naranja, y caliéntelos a fuego lento, sin dejar de remover, hasta que se hayan mezclado bien.

5 Cuando las magdalenas estén casi frías, pinche la superficie con un tenedor y rocíelas con la mezcla caliente de miel. Esparza la mezcla de nueces por encima y sirva las magdalenas calientes o frías.

magdalenas de mantequilla de cacahuete glaseadas

ingredientes

PARA 16 UNIDADES

4 cucharadas de mantequilla ablandada o de margarina suave
225 g de azúcar moreno apelmazado
120 g de mantequilla de cacahuete crujiente
2 huevos ligeramente batidos
1 cucharadita de esencia de vainilla
225 g de harina
2 cucharaditas de levadura en polvo
100 ml de leche

glaseado

200 g de queso cremoso
2 cucharadas de mantequilla ablandada
225 g de azúcar glas

preparación

1 Ponga 16 capacillos de papel en un molde para magdalenas.

2 En un cuenco, bata la mantequilla con el azúcar y la mantequilla de cacahuete durante 1 o 2 minutos, hasta obtener una mezcla de consistencia homogénea. Vaya añadiendo los huevos poco a poco y bátalo todo bien tras cada adición. Añada la esencia de vainilla. Tamice la harina y la levadura en polvo y, con una cuchara de metal, agréguelas a la mezcla, alternando con la leche. Vierta la masa en los capacillos de papel.

3 Cueza las magdalenas en el horno precalentado a 180 °C durante 25 minutos, hasta que hayan subido y estén doradas. Déjelas enfriar sobre una rejilla metálica.

4 Para preparar el glaseado, ponga en un cuenco el queso cremoso y la mantequilla, y bátalos con la batidora eléctrica de mano. Tamice el azúcar glas sobre la mezcla y bátalo todo hasta que adquiera una consistencia homogénea.

5 Una vez estén frías las magdalenas, extienda el glaseado sobre ellas, dándole un efecto de remolino con un cuchillo romo. Consérvelas en el frigorífico hasta la hora de servir.

magdalenas con pétalos de rosa

ingredientes

PARA 12 UNIDADES

8 cucharadas de mantequilla ablandada
120 g de azúcar extrafino
2 huevos ligeramente batidos
1 cucharada de leche
unas gotas de esencia de aceite de rosas
1/4 de cucharadita de esencia de vainilla
175 g de harina leudante
bolitas de azúcar plateadas, para adornar

cobertura

6 cucharadas de mantequilla ablandada
175 g de azúcar glas
colorante alimentario rosa o violeta (opcional)

pétalos de rosa escarchados

12-24 pétalos de rosa
clara de huevo ligeramente batida, para pintar
azúcar extrafino, para espolvorear

preparación

1 Para preparar los pétalos de rosa escarchados, lave con cuidado los pétalos y séquelos con papel absorbente. Pinte ambos lados de cada pétalo con clara de huevo y después recúbralos bien con azúcar extrafino. Colóquelos en una bandeja, tápelos y déjelos secar toda la noche.

2 Coloque 12 capacillos de papel en un molde para magdalenas o 12 capacillos de doble capa en una bandeja de horno.

3 Bata la mantequilla y el azúcar hasta que queden ligeros y esponjosos, y añada los huevos poco a poco, batiéndolo todo bien tras cada adición. Incorpore la leche, la esencia de aceite de rosas y la de vainilla. A continuación, añada la harina con una cuchara de metal. Llene los capacillos con cucharadas de masa.

4 Cueza las magdalenas en el horno precalentado a 200 °C entre 12 y 15 minutos, hasta que hayan subido y estén doradas. Déjelas enfriar sobre una rejilla metálica.

5 Para preparar la cobertura, ponga la mantequilla en un cuenco y bátala hasta que esté esponjosa. Añada el azúcar glas y bata bien la mezcla. Si lo desea, puede añadir unas gotas de colorante alimentario rosa o violeta para complementar los pétalos de rosa.

6 Una vez se hayan enfriado las magdalenas, recúbralas con la cobertura. Corónelas con 1 o 2 pétalos y adórnelas con bolitas plateadas.

magdalenas de jengibre

ingredientes

PARA 16 UNIDADES

120 g de harina

2 cucharaditas de jengibre molido

3/4 de cucharadita de canela molida

1 trozo de jengibre confitado picado

3/4 de cucharadita de bicarbonato sódico

4 cucharadas de leche

6 cucharadas de mantequilla ablandada o de margarina suave

70 g de azúcar moreno apelmazado

2 cucharadas de melaza

2 huevos ligeramente batidos

trocitos de jengibre confitado, para adornar

cobertura

6 cucharadas de mantequilla ablandada

175 g de azúcar glas

2 cucharadas del almíbar del bote de jengibre confitado

preparación

1 Coloque 16 capacillos de papel en un molde para magdalenas o 16 capacillos de doble capa en una bandeja de horno.

2 En un cuenco, tamice la harina, el jengibre molido y la canela. Añada el jengibre confitado picado y remuévalo para que quede bien cubierto de harina. En un cuenco aparte, disuelva el bicarbonato sódico con la leche.

3 Ponga en un cuenco la mantequilla y el azúcar, y bátalos bien. Añada la melaza y vaya echando los huevos poco a poco, batiéndolo todo bien tras cada adición. Incorpore la mezcla de harina y, a continuación, vierta la leche poco a poco. Deposite la masa en los capacillos de papel.

4 Cueza las magdalenas en el horno precalentado a 160 °C durante 20 minutos, hasta que hayan subido y estén doradas. Déjelas enfriar sobre una rejilla metálica.

5 Para preparar la cobertura, ponga la mantequilla en un cuenco y bátala hasta que esté esponjosa. Tamice el azúcar encima, añada el almíbar de jengibre y bátalo hasta que esté suave y cremoso. Corte el jengibre confitado en tiras muy finas o píquelo.

6 Una vez frías las magdalenas, recúbralas con la cobertura y adórnelas con trocitos de jengibre.

muffins de caramelo y cacahuete

ingredientes

PARA 12 UNIDADES

250 g de harina
4 cucharaditas de levadura en polvo
85 g de azúcar extrafino
6 cucharadas de mantequilla de cacahuete crujiente
1 huevo grande batido
4 cucharadas de mantequilla fundida
175 ml de leche
150 g de caramelo de vainilla cortado en trocitos
3 cucharadas de cacahuetes sin sal troceados

preparación

1 Forre un molde para 12 muffins con capacillos de doble capa. Tamice en un cuenco la harina y la levadura en polvo. Añada el azúcar extrafino y luego la mantequilla de cacahuete. Remueva la mezcla hasta que adquiera la consistencia del pan rallado.

2 Ponga en un cuenco aparte el huevo, la mantequilla y la leche, bátalos hasta que adquieran una consistencia homogénea e incorpórelos a los ingredientes secos. Añada los trocitos de caramelo con cuidado. Reparta la masa entre los capacillos de papel.

3 Esparza los cacahuetes picados por encima y cueza los muffins en el horno precalentado a 200 °C entre 20 y 25 minutos, hasta que hayan subido y estén firmes al tacto. Sáquelos del horno y déjelos enfriar 2 minutos. Colóquelos sobre una rejilla metálica para que se enfríen por completo.

muffins de higos y almendras

ingredientes

PARA 12 UNIDADES

2 cucharadas de aceite de girasol o de cacahuete, y un poco más para untar (si lo utiliza)
250 g de harina
1 cucharadita de bicarbonato sódico
1/2 cucharadita de sal
225 g de azúcar sin refinar
85 g de higos secos picados
120 g de almendras picadas
250 ml de agua
1 cucharadita de extracto de almendras
2 cucharadas de almendras picadas, para adornar

preparación

1 Unte un molde para 12 muffins con aceite de girasol o cúbralo con 12 capacillos de papel. En un cuenco, tamice la harina, el bicarbonato sódico y la sal. Añada el azúcar y remuévalo todo bien.

2 En un cuenco aparte, mezcle los higos con las almendras y el resto de aceite de girasol. Añada el agua y el extracto de almendras. Incorpore la mezcla de higos y almendra a la de harina y remuévalo todo con suavidad. No lo remueva demasiado, ya que no importa si quedan algunos grumos.

3 Reparta la pasta entre los 12 huecos del molde o los 12 capacillos de papel (llénelos hasta 2/3 de su capacidad) y espolvoréelos con el resto de almendra picada para adornarlos. Métalos en el horno precalentado a 190 °C y hornéelos durante 25 minutos, hasta que hayan subido y estén dorados.

4 Saque los muffins del horno y sírvalos calientes, o bien déjelos enfriar sobre una rejilla metálica.

magdalenas de plátano y pacanas

ingredientes

PARA 12 UNIDADES

225 g de harina
$1^{1}/_{4}$ cucharaditas de levadura en polvo
$^{1}/_{4}$ de cucharadita de bicarbonato sódico
2 plátanos maduros
8 cucharadas de mantequilla ablandada o de margarina suave
120 g de azúcar extrafino
$^{1}/_{2}$ cucharadita de esencia de vainilla
2 huevos ligeramente batidos
4 cucharadas de crema agria
50 g de pacanas troceadas

cobertura

8 cucharadas de mantequilla ablandada
120 g de azúcar glas
25 g de pacanas picadas

preparación

1 Coloque 24 capacillos de papel en un molde para magdalenas o 24 capacillos de doble capa en una bandeja de horno.

2 Tamice la harina con la levadura en polvo y el bicarbonato sódico. Pele los plátanos, póngalos en un bol y aplástelos con un tenedor.

3 En un cuenco, bata la mantequilla, el azúcar y la esencia de vainilla hasta que queden ligeros y esponjosos. Vaya añadiendo los huevos poco a poco y bátalo todo bien tras cada adición. Incorpore el plátano triturado y la crema agria. Con una cuchara metálica, añada la mezcla de harina y las pacanas troceadas. A continuación, vierta la masa en los capacillos de papel.

4 Cueza las magdalenas en el horno precalentado a 190 °C durante 20 minutos, hasta que hayan subido y estén doradas. Déjelas enfriar sobre una rejilla metálica.

5 Para preparar la cobertura, bata la mantequilla hasta que esté esponjosa. Tamice el azúcar glas encima y mézclelo bien. Recubra las magdalenas con la cobertura y espolvoréelas con las pacanas picadas antes de servirlas.

muffins de manzana y canela

ingredientes

PARA 6 UNIDADES

85 g de harina integral
70 g de harina blanca
1 1/2 cucharaditas de levadura en polvo
1 pizca de sal
1 cucharadita de canela molida
40 g de azúcar extrafino rubio
2 manzanas pequeñas peladas, sin corazón y picadas
125 ml de leche
1 huevo batido
4 cucharadas de mantequilla fundida

cobertura

12 terrones de azúcar moreno machacados
1/2 cucharadita de canela molida

preparación

1 Coloque 6 capacillos de papel en un molde para muffins.

2 En un cuenco, tamice ambas harinas, la levadura en polvo, la sal y la canela. Añada el azúcar y la manzana picada. Mezcle en un cuenco aparte la leche, el huevo y la mantequilla. Junte los ingredientes secos con los húmedos y remuévalo todo con suavidad para que se mezcle bien.

3 Reparta la mezcla entre los capacillos de papel. Para preparar la cobertura, mezcle el azúcar machacado con la canela y espolvoree los muffins con ellos. Cuézalos en el horno precalentado a 200 °C de 20 a 25 minutos, hasta que hayan subido y estén dorados. Sáquelos del horno y sírvalos calientes, o déjelos enfriar sobre una rejilla metálica.

magdalenas de nueces

ingredientes

PARA 12 UNIDADES

85 g de nueces
4 cucharadas de mantequilla ablandada
100 g de azúcar extrafino
la ralladura de 1/2 limón
70 g de harina leudante
2 huevos
12 mitades de nueces, para adornar

cobertura

4 cucharadas de mantequilla ablandada
85 g de azúcar glas
la ralladura de 1/2 limón
1 cucharadita de zumo de limón

preparación

1 Coloque 12 capacillos de papel en un molde para magdalenas o 12 capacillos de doble capa en una bandeja de horno.

2 En un robot de cocina, pique finas las nueces, pero con la precaución de no molerlas, ya que si no se convertirían en aceite. Añada la mantequilla troceada, el azúcar, la ralladura de limón, la harina y los huevos, y bátalo todo bien. Pase la masa a los capacillos de papel.

3 Cueza las magdalenas en el horno precalentado a 190 °C durante 20 minutos, hasta que hayan subido y estén doradas. Déjelas enfriar sobre una rejilla metálica.

4 Para preparar la cobertura, bata la mantequilla hasta que esté esponjosa. Tamice el azúcar glas encima, añada la ralladura y el zumo de limón, y mézclelo todo bien.

5 Una vez estén frías las magdalenas, recúbralas con la cobertura y adorne cada una de ellas con media nuez.

cuadraditos de nuez y canela

ingredientes

PARA 9 UNIDADES

120 g de mantequilla, y un poco más para engrasar

225 g de azúcar moreno

1 huevo

1 yema de huevo

150 g de harina leudante

1 cucharadita de canela molida

85 g de nueces troceadas

preparación

1 Ponga en un cazo la mantequilla y el azúcar. Caliéntelos a fuego lento y remuévalos hasta que el azúcar se haya disuelto. Cuézalos, removiendo, 1 minuto más. La mezcla empezará a burbujear, pero no deje que llegue a hervir. Déjela enfriar 10 minutos.

2 Agregue el huevo y la yema a la mezcla, y tamice la harina y la canela encima. Añada las nueces y remuévalo todo hasta obtener una consistencia homogénea. Vierta la mezcla en un molde para pasteles de 18 x 18 cm engrasado con mantequilla y con la base forrada con papel vegetal. Cueza el pastel en el horno precalentado a 180 °C entre 20 y 25 minutos, hasta que esté esponjoso por el centro y al clavar una brocheta esta salga limpia.

3 Déjelo enfriar unos minutos en el molde y, a continuación, pase un cuchillo por los bordes para que se desprenda. Desmóldelo sobre una rejilla metálica y retire el papel vegetal. Espere a que se enfríe por completo y córtelo en porciones cuadradas para servirlo.

magdalenas mariposa

ingredientes

PARA 12 UNIDADES

120 g de harina leudante
1/2 cucharadita de levadura en polvo
8 cucharadas de margarina suave
120 g de azúcar extrafino
2 huevos ligeramente batidos
la ralladura fina de 1/2 limón
2 cucharadas de leche
azúcar glas, para espolvorear

relleno de limón

6 cucharadas de mantequilla ablandada
175 g de azúcar glas, y un poco más para espolvorear
1 cucharada de zumo de limón

preparación

1 Coloque 12 capacillos de papel en un molde para magdalenas o 12 capacillos de doble capa en una bandeja de horno.

2 En un cuenco, tamice la harina con la levadura en polvo. Añada la margarina, el azúcar, los huevos, la ralladura de limón y la leche, y bátalo todo con una batidora eléctrica de mano hasta obtener una masa de consistencia suave. Vierta la masa en los capacillos con una cuchara.

3 Cueza las magdalenas en el horno precalentado a 190 °C entre 15 y 20 minutos, hasta que hayan subido y estén doradas. Déjelas enfriar sobre una rejilla metálica.

4 Para preparar el relleno, bata la mantequilla hasta que esté esponjosa. Tamice el azúcar glas encima, añada el zumo de limón y bátalo todo bien hasta obtener una consistencia suave y cremosa.

5 Una vez frías las magdalenas, rebane un círculo de la parte superior con un cuchillo de sierra y corte cada círculo por la mitad. Con una manga pastelera, distribuya un poco del relleno sobre el centro de cada magdalena y presione en él las dos mitades semicirculares formando un ángulo para que parezcan alas de mariposa. Espolvoréelas con azúcar glas antes de servirlas.

magdalenas rellenas de chocolate caliente

ingredientes

PARA 8 UNIDADES

4 cucharadas de margarina suave
50 g de azúcar extrafino
1 huevo grande
85 g de harina leudante
1 cucharada de cacao en polvo sin azúcar
50 g de chocolate negro
azúcar glas, para espolvorear

preparación

1 Coloque 8 capacillos de papel en un molde para magdalenas o bien 8 capacillos de doble capa en una bandeja de horno.

2 Ponga en un cuenco la margarina, el azúcar, el huevo, la harina y el cacao en polvo, y bátalos con una batidora eléctrica de mano hasta que la mezcla adquiera una consistencia suave.

3 Con una cuchara, pase la mitad de la masa a los capacillos. Realice una muesca en el centro de cada magdalena con una cucharilla. Parta el chocolate en 8 trozos iguales y coloque un trocito en cada hueco. Acabe de llenar los capacillos con la masa.

4 Cueza las magdalenas en el horno precalentado a 190 °C durante 20 minutos, hasta que estén esponjosas al tacto. Déjelas reposar 2 o 3 minutos antes de servirlas calientes espolvoreadas con el azúcar glas.

muffins de chocolate especiados

ingredientes

PARA 12 UNIDADES

100 g de mantequilla ablandada
150 g de azúcar extrafino
120 g de azúcar moreno apelmazado
2 huevos grandes
150 ml de crema agria
5 cucharadas de leche
250 g de harina
1 cucharadita de bicarbonato sódico
2 cucharadas de cacao en polvo sin azúcar
1 cucharadita de pimienta inglesa
200 g de gotas de chocolate negro

preparación

1 Forre un molde para 12 muffins con capacillos de papel.

2 Ponga en un cuenco la mantequilla, el azúcar extrafino y el moreno, y bátalo todo bien. Añada los huevos, la crema agria y la leche, y bata todos los ingredientes para que se mezclen bien. En un bol aparte, tamice la harina con el bicarbonato sódico, el cacao y la pimienta inglesa, y añádalos a la mezcla. Incorpore las gotas de chocolate y remuévalo todo. Reparta la masa entre los capacillos de papel y cueza los muffins en el horno precalentado a 190 °C de 25 a 30 minutos.

3 Sáquelos del horno y déjelos enfriar 10 minutos. Deposítelos sobre una rejilla metálica y espere a que se enfríen por completo. Consérvelos en un recipiente hermético hasta que vaya a servirlos.

magdalenas con chocolate glaseado

ingredientes

PARA 18 UNIDADES

$3^1/_2$ cucharadas de margarina suave

120 g de azúcar moreno apelmazado

2 huevos grandes

120 g de harina

$^1/_2$ cucharadita de bicarbonato sódico

25 g de cacao en polvo sin azúcar

125 ml de crema agria

glaseado

125 g de chocolate negro

2 cucharadas de azúcar extrafino

150 ml de crema agria

virutas de chocolate (opcional)

100 g de chocolate negro

preparación

1 Coloque 18 capacillos de papel en un molde para magdalenas o 18 capacillos de doble capa en una bandeja de horno.

2 Ponga en un cuenco la margarina, el azúcar, los huevos, la harina, el bicarbonato sódico y el cacao en polvo, y bátalo todo con una batidora eléctrica de mano hasta que la mezcla adquiera una consistencia suave. Agregue la crema agria con una cuchara de metal. A continuación, pase la mitad de la masa a los capacillos sirviéndose de una cuchara.

3 Cueza las magdalenas en el horno precalentado a 180 °C durante 20 minutos, hasta que hayan subido y estén firmes al tacto. Páselas a una rejilla metálica para que se enfríen.

4 Para preparar el glaseado, trocee el chocolate en un bol refractario. Coloque el bol sobre una cacerola con agua hirviendo a fuego lento y caliente el chocolate, removiéndolo de vez en cuando, hasta que se funda. Retírelo del fuego y déjelo enfriar un poco. Añada el azúcar y la crema agria, y bátalo hasta que esté suave. Extienda el glaseado sobre las magdalenas y consérvelas en el frigorífico hasta la hora de servir. Si lo desea, sírvalas adornadas con virutas de chocolate, que puede confeccionar raspando el chocolate con un pelapatatas.

cuadraditos de fruta y avellanas

ingredientes

PARA 9 UNIDADES

120 g de mantequilla sin sal, y un poco más para engrasar
2 cucharadas de miel
1 huevo batido
85 g de almendras molidas
120 g de orejones de albaricoque picados
50 g de cerezas secas
50 g de avellanas tostadas picadas
25 g de semillas de sésamo
85 g de copos de avena

preparación

1 Engrase con un poco de mantequilla un molde llano de 18 x 18 cm. Bata en un cuenco el resto de la mantequilla con la miel hasta que la mezcla adquiera una consistencia cremosa. A continuación, añada el huevo y la almendra.

2 Agregue el resto de los ingredientes y mézclelos. Vierta la masa en el molde preparado y alise la superficie.

3 Cueza el pastel en el horno precalentado a 180 °C de 20 a 25 minutos, hasta que esté dorado y firme al tacto.

4 Sáquelo del horno y déjelo reposar durante 10 minutos antes de marcar los recuadros. Espere a que se enfríe para desmoldarlo. Conserve los cuadraditos en un recipiente hermético.

brownies de pacanas

ingredientes

PARA 20 UNIDADES

225 g de mantequilla sin sal, y un poco más para engrasar
70 g de chocolate negro
125 g de harina
3/4 de cucharadita de bicarbonato sódico
1/4 de cucharadita de levadura en polvo
50 g de pacanas
100 g de azúcar moreno sin refinar
1/2 cucharadita de extracto de almendras
1 huevo
1 cucharadita de leche

preparación

1 Engrase una fuente para el horno grande y fórrela con papel vegetal.

2 Ponga el chocolate en un bol refractario colocado sobre una cacerola con agua hirviendo a fuego lento y caliéntelo hasta que se funda. Mientras tanto, tamice en un cuenco la harina con el bicarbonato sódico y la levadura en polvo.

3 Pique las pacanas y resérvelas. En un cuenco aparte, bata bien la mantequilla y el azúcar y, a continuación, añada el extracto de almendras y el huevo. Retire el chocolate del fuego y añádalo a la mezcla. Incorpore la mezcla de harina, la leche y las pacanas picadas, y remueva todos los ingredientes para que se mezclen bien.

4 Con una cuchara, pase la mezcla a la fuente y alise la superficie. Cueza la masa en el horno precalentado a 180 °C durante 30 minutos, hasta que esté firme al tacto (el interior debe quedar un poco más tierno). Retírela del horno y espere a que se enfríe por completo. Córtela en 20 cuadrados y sírvalos.

brownies de chocolate blanco

ingredientes

PARA 9 UNIDADES

120 g de mantequilla sin sal, y un poco más para engrasar
225 g de chocolate blanco
120 g de nueces
2 huevos
120 g de azúcar moreno
120 g de harina leudante

preparación

1 Engrase con un poco de mantequilla un molde para pasteles de 18 x 18 cm.

2 Trocee 175 g de chocolate y todas las nueces. Ponga el resto de chocolate y la mantequilla en un bol refractario colocado sobre una cacerola de agua hirviendo a fuego lento. Una vez fundidos, remueva la mezcla y déjela enfriar un poco.

3 Bata los huevos con el azúcar y, a continuación, añada la mezcla de chocolate. Remuévalo todo bien. Incorpore la harina, el chocolate troceado y las nueces. Pase la mezcla al molde preparado y alise la superficie.

4 Cueza la masa en el horno precalentado a 180 °C durante 30 minutos, hasta que haya cuajado pero conserve aún tierno el interior. Retírela del horno, déjela enfriar en el molde y después córtela en 9 porciones cuadradas.

tentaciones de chocolate

ingredientes

PARA 24 UNIDADES

365 g de chocolate negro
6 cucharadas de mantequilla sin sal, y un poco más para engrasar
1 cucharadita de café fuerte
2 huevos
150 g de azúcar moreno
225 g de harina
1/4 de cucharadita de levadura en polvo
1 pizca de sal
2 cucharaditas de extracto de almendras
50 g de nueces de Brasil picadas
50 g de avellanas picadas
40 g de chocolate blanco

preparación

1 Ponga en un cuenco refractario colocado sobre una cacerola de agua hirviendo 225 g del chocolate negro junto con la mantequilla y el café. Caliéntelo a fuego lento hasta que el chocolate esté casi fundido.

2 Mientras tanto, bata los huevos en un cuenco hasta que estén esponjosos. Vaya añadiendo el azúcar poco a poco y bata la mezcla hasta que adquiera una consistencia espesa. Retire el chocolate del fuego y remuévalo hasta que esté suave. Páselo a la mezcla de huevo y remuévalo.

3 En un cuenco, tamice la harina, la levadura en polvo y la sal, y añádalas a la mezcla de chocolate. Trocee 85 g de chocolate negro y agréguelo a la mezcla. Incorpore el extracto de almendras y los frutos secos.

4 Deposite 24 cucharaditas de masa en una bandeja de horno engrasada y cueza las galletitas en el horno precalentado a 180 °C durante 16 minutos. Déjelas enfriar sobre una rejilla metálica. Para adornarlas, derrita el chocolate negro restante y el blanco por separado, páselos a una manga pastelera y adorne las galletitas con líneas alternas de ambos.

galletas de chocolate y copos de avena

ingredientes

PARA 20 UNIDADES

120 g de mantequilla ablandada, y un poco más para engrasar
120 g de azúcar moreno claro apelmazado
1 huevo
100 g de copos de avena
1 cucharada de leche
1 cucharadita de esencia de vainilla
125 g de harina
1 cucharada de cacao en polvo sin azúcar
1/2 cucharadita de levadura en polvo
175 g de chocolate negro troceado
175 g de chocolate con leche troceado

preparación

1 Bata la mantequilla con el azúcar hasta que esté ligera y esponjosa. Añada el huevo y después los copos de avena, la leche y la esencia de vainilla. Bátalo todo hasta obtener una consistencia homogénea. Tamice la harina, el cacao en polvo y la levadura sobre la masa y remuévalo todo. Incorpore los trozos de chocolate.

2 Eche cucharaditas de masa en dos bandejas de horno engrasadas con un poco de mantequilla y aplánelas ligeramente con un tenedor. Cueza las galletas en el horno precalentado a 180 °C durante 15 minutos, hasta que hayan subido un poco y estén firmes. Déjelas enfriar en las bandejas 2 minutos y después páselas a una rejilla metálica para que se enfríen por completo.

galletas de lavanda

ingredientes

PARA 12 UNIDADES

50 g de azúcar extrafino rubio, y un poco más para espolvorear

1 cucharadita de hojas de lavanda picadas

120 g de mantequilla ablandada, y un poco más para engrasar

la ralladura fina de 1 limón

175 g de harina

preparación

1 Ponga el azúcar y las hojitas de lavanda en una robot de cocina y píquelos hasta que la lavanda esté bien fina. Añada la mantequilla y la ralladura de limón, y bata todos los ingredientes hasta obtener una mezcla de consistencia ligera y esponjosa. Pásela a un cuenco. Tamice la harina encima y bata la mezcla para que la masa quede bien firme.

2 Vierta la masa sobre una lámina de papel vegetal y coloque otra lámina encima. Presiónela suavemente con un rodillo de cocina y extienda la masa hasta que tenga entre 3 y 5 mm de grosor. Retire el papel vegetal superior y recorte círculos de 7 cm de diámetro con un cortapastas. Amase nuevamente los restos de masa, extiéndalos y recorte más círculos.

3 Con una espátula, pase los círculos de masa con cuidado a una bandeja de horno engrasada con mantequilla. Pinche las galletas con un tenedor y cuézalas en el horno precalentado a 150 °C durante 12 minutos, hasta que adquieran un color dorado pálido. Déjelas enfriar en la misma bandeja unos 2 minutos, después páselas a una rejilla metálica y, cuando estén totalmente frías, espolvoréelas con azúcar extrafino.

galletas de higos y nueces

ingredientes

PARA 20 UNIDADES

100 g de higos secos
225 g de mantequilla sin sal o de margarina, y un poco más para engrasar
125 ml de miel clara
4 cucharadas de azúcar moreno sin refinar
2 huevos batidos
1 pizca de sal
1 cucharadita de pimienta inglesa
1 cucharadita de bicarbonato sódico
1/2 cucharadita de esencia de vainilla
2 cucharadas de dátiles secos picados
225 g de harina
225 g de copos de avena
25 g de nueces picadas
trocitos de higo seco, para adornar (opcional)

preparación

1 Pique los higos. Mezcle en un cuenco la mantequilla, la miel, los higos y el azúcar. Bata los huevos, añádalos a la mezcla y remuévalo todo bien.

2 En un cuenco aparte, mezcle la sal con la pimienta inglesa, el bicarbonato sódico, la esencia de vainilla y los dátiles. Vaya añadiendo esta mezcla poco a poco a la crema. Tamice la harina encima y remuévalo todo bien. Por último, agregue los copos de avena y las nueces.

3 Deposite 20 cucharadas de mezcla en dos bandejas de horno engrasadas con mantequilla. Espácielas entre sí, porque las galletas crecerán durante la cocción. Adórnelas con trocitos de higo seco, si los utiliza. Hornéelas a 180 °C de 10 a 15 minutos, hasta que estén doradas. Sáquelas del horno y déjelas enfriar por completo sobre una rejilla metálica antes de servirlas.

bocaditos de avellanas y copos de avena

ingredientes

PARA 30 UNIDADES

175 g de mantequilla sin sal o de margarina, y un poco más para engrasar
225 g de azúcar moreno sin refinar
1 huevo batido
4 cucharadas de leche
1 cucharadita de esencia de vainilla
1/2 cucharadita de extracto de almendras
120 g de avellanas
120 g de harina
1 1/2 cucharaditas de pimienta inglesa molida
1/4 de cucharadita de bicarbonato sódico
1 pizca de sal
225 g de copos de avena
140 g de pasas rubias

preparación

1 Bata en un cuenco la mantequilla y el azúcar. Añada el huevo, la leche, el extracto de almendras y la esencia de vainilla, y remuévalo todo hasta obtener una masa de consistencia homogénea. Pique las avellanas.

2 En un cuenco, tamice la harina junto con la pimienta inglesa, el bicarbonato sódico y la sal. Añádalo poco a poco a la masa sin dejar de remover. Incorpore los copos de avena, las pasas y la avellana.

3 Deposite 30 cucharadas de mezcla en dos bandejas de horno engrasadas con mantequilla. Espácielas entre sí, porque las galletas crecerán durante la cocción. Cuézalas en el horno precalentado a 190 °C entre 12 y 15 minutos, hasta que estén doradas. Sáquelas del horno y déjelas enfriar sobre una rejilla metálica antes de servirlas.

postres

Originalmente, los postres se «inventaron» para aprovechar al máximo los productos que solo se encontraban durante una temporada muy breve, mucho antes de que se idearan sofisticados equipos de conservación como el frigorífico y el congelador. Como resultado de ello, la fruta, los frutos secos, los huevos y los productos lácteos se han ido transformado en fantásticas creaciones.

Las tartas de fruta tradicionales han evolucionado desde una sencilla masa con fruta por encima, como la Tarta de frutas del bosque, hasta sofisticadas variaciones. La Tarta de manzana caramelizada, Tarta de moras con crema de casis y el Strudel de peras y pacanas son deliciosos ejemplos de cómo sacar el máximo provecho de la generosidad de la naturaleza. Otra forma de utilizar la fruta es preparar un Empedrado de melocotón o un clásico francés, el Clafoutis de cerezas, en el que las cerezas flotan en una cremosa masa aromatizada con esencia de vainilla.

Los frutos secos constituyen un ingrediente maravilloso para un postre. Pruebe las Tartaletas florentinas de praliné o la Tarta de pacanas. Si no puede pasar sin el chocolate, busque las recetas del Strudel de chocolate y frutos secos, la Tarta de chocolate del Misisipí, el Brazo de gitano de chocolate y el postre horneado más original de todos: el Bizcocho helado tipo Alaska.

tarta de manzana caramelizada

ingredientes

PARA 6 PERSONAS

mantequilla, para engrasar
300 g de masa quebrada ya preparada sin azúcar
harina, para espolvorear

relleno

1,3 kg de manzanas dulces y firmes, peladas y sin el corazón
1 cucharadita de zumo de limón
3 cucharadas colmadas de mantequilla
100 g de azúcar extrafino
200 g de azúcar granulado
75 ml de agua fría
150 ml de nata espesa, y un poco más para acompañar

preparación

1 Engrase un molde para tartas acanalado y de base desmontable de 22 cm de diámetro. Extienda la masa sobre una superficie ligeramente enharinada y forre el molde con ella. Pase el rodillo por los bordes del molde para recortar el exceso de masa. Coloque un trozo de papel vegetal sobre la masa y cúbralo con judías secas. Deje enfriar la masa en el frigorífico 30 minutos y luego métala 10 minutos en el horno precalentado a 190 °C. Retire las judías y el papel vegetal, y vuelva a meter la masa en el horno otros 5 minutos.

2 Mientras tanto, tome 4 manzanas, pártalas en 8 trozos y rocíelos con el zumo de limón. Funda la mantequilla en una sartén y saltee los trozos de manzana hasta que empiecen a caramelizarse y a dorarse por los bordes. Retírelos y déjelos enfriar.

3 Corte el resto de las manzanas en rodajas finas, póngalas en una cacerola junto con el azúcar extrafino y cuézalas unos 20 minutos, hasta que estén tiernas. Páselas al molde de masa y coloque los trozos de manzana reservados encima formando un círculo. Hornee la tarta 30 minutos.

4 Ponga en un cazo el azúcar granulado y el agua, y caliéntelo hasta que el azúcar se haya disuelto. Hierva la mezcla para que se caramelice. Retírela del fuego, añada la nata espesa y remuévalo todo bien hasta que tenga la consistencia de toffee. Saque la tarta del horno, vierta el toffee sobre las manzanas y déjela 1 hora en el frigorífico. Sírvala acompañada de nata espesa.

strudel de chocolate y frutos secos

ingredientes

PARA 6 PERSONAS

150 g de mantequilla sin sal, y un poco más para engrasar
225 g de frutos secos variados picados
120 g de chocolate negro picado
120 g de chocolate con leche picado
120 g de chocolate blanco picado
200 g de pasta filo, descongelada si se utiliza congelada
3 cucharadas de sirope de maíz
50 g de azúcar glas
helado, para acompañar

preparación

1 Engrase ligeramente una bandeja para el horno con mantequilla. Reserve 1 cucharada de frutos secos. Mezcle los tres tipos de chocolate.

2 Ponga 1 lámina de pasta filo sobre un paño de cocina limpio. Funda la mantequilla y unte con ella la pasta. Rocíela con un poco de sirope y esparza por encima parte de los trocitos de frutos secos y del chocolate. Coloque otra lámina de pasta filo encima y repita la misma operación hasta haber utilizado todos los frutos secos y el chocolate.

3 Utilice el paño de cocina para enrollar el strudel con cuidado. Deposítelo en la bandeja del horno, rocíelo con un poco más de sirope y esparza los frutos secos restantes por encima. Cuézalo en el horno precalentado a 190 °C de 20 a 25 minutos. Si los frutos secos empiezan a dorarse demasiado, cubra el strudel con un trozo de papel de aluminio.

4 Espolvoree el strudel con azúcar glas y sírvalo caliente acompañado de helado.

strudel de peras y pacanas

ingredientes

PARA 4 PERSONAS

2 peras maduras
4 cucharadas de mantequilla
50 g de pan recién rallado
50 g de pacanas peladas y picadas
25 g de azúcar mascabado
la ralladura fina de 1 naranja
100 g de pasta filo, descongelada si se utiliza congelada
6 cucharadas de miel de azahar
2 cucharadas de zumo de naranja
azúcar glas tamizado, para espolvorear
yogur natural, para acompañar (opcional)

preparación

1 Pele las peras, retíreles el corazón y píquelas. Funda 1 cucharada de mantequilla en una sartén y saltee el pan rallado a fuego lento hasta que esté dorado. Páselo a un cuenco y añada la pera picada, las pacanas, el azúcar mascabado y la ralladura de naranja. Eche el resto de mantequilla en un cazo y caliéntela hasta que se haya fundido.

2 Reserve 1 lámina de pasta filo, manteniéndola bien envuelta, y unte el resto con un poco de mantequilla fundida. Extienda un poco de relleno de pacanas sobre una lámina, dejando un margen de 2,5 cm por los bordes. Monte el strudel colocando encima el resto de láminas de pasta filo untadas con mantequilla y cubiertas de relleno de pacanas. Rocíe la superficie con la miel y el zumo de naranja.

3 Doble los extremos cortos sobre el relleno y después enrolle el strudel empezando por uno de los extremos largos. Deposite el postre con cuidado en una bandeja para el horno con el lado de la juntura hacia arriba. Úntelo con el resto de mantequilla fundida y frunza la lámina de pasta filo reservada alrededor del strudel. Cuézalo en el horno precalentado a 200 °C durante 25 minutos, hasta que esté dorado y crujiente. Espolvoréelo con el azúcar glas tamizado y sírvalo caliente, si lo desea acompañado de yogur natural.

tarta Tatin de peras

ingredientes

PARA 6 PERSONAS

6 cucharadas de mantequilla
120 g de azúcar extrafino
6 peras peladas, partidas por la mitad y sin el corazón
harina, para espolvorear
225 g de masa de hojaldre ya preparada
nata espesa (opcional)

preparación

1 Funda la mantequilla y el azúcar a fuego medio en una sartén apta para el horno. Remueva la mezcla suavemente durante unos 5 minutos, hasta que adquiera un color dorado claro. Tenga cuidado porque estará muy caliente.

2 Retire la sartén del fuego, colóquela sobre una superficie refractaria y disponga las peras boca arriba en el caramelo. Ponga una mitad en el centro y rodéela con los demás trozos.

3 Extienda la masa sobre una superficie ligeramente enharinada y forme un círculo un poco más grande que la sartén. Tape las peras con él y doble los bordes hacia el interior de la sartén.

4 Cueza la tarta en la parte superior del horno precalentado a 180 °C de 20 a 25 minutos, hasta que la masa haya subido y esté dorada. Retírela del fuego y déjela enfriar 2 minutos.

5 Vuelque la tarta en una fuente que sea más grande que la sartén y lo suficientemente honda para recoger el jugo que pueda caer. Recuerde que estará muy caliente, así es que conviene utilizar unos agarradores bastante gruesos. Sirva la tarta caliente, si lo desea acompañada de nata espesa.

tarta banoffee

ingredientes

PARA 4 PERSONAS

relleno

3 botes de 400 g de leche condensada
4 plátanos maduros
el zumo de 1/2 limón
1 cucharadita de esencia de vainilla
475 ml de nata espesa montada
75 g de chocolate negro rallado

base de galleta

85 g de mantequilla fundida, y un poco más para engrasar
150 g de galletas digestivas machacadas
25 g de almendras peladas, tostadas y molidas
25 g de avellanas peladas, tostadas y molidas

preparación

1 Ponga los botes de leche condensada sin abrir en una cacerola grande y añada el agua suficiente para cubrirlos. Llévela a ebullición, baje la temperatura y déjelos a fuego lento 2 horas, manteniendo el nivel del agua de modo que los botes estén siempre cubiertos. Sáquelos de la cacerola con cuidado y déjelos enfriar.

2 Para preparar la base, eche la mantequilla en un cuenco y añada la galleta machacada y los frutos secos molidos. Mézclelo todo bien. Engrase con mantequilla un molde para tartas de 23 cm diámetro, vierta la mezcla en él y presiónela sobre la base y los costados. Cuézala en el horno precalentado a 180 °C entre 10 y 12 minutos. Sáquela del horno y déjela enfriar.

3 Pele los plátanos, córtelos en rodajas y póngalos en un cuenco. Rocíe las rodajas con el zumo de limón, añada la esencia de vainilla y mézclelo todo bien. Extienda la mezcla de plátano sobre la base de galleta y vierta encima el contenido de los botes de leche condensada enfriados.

4 Espolvoree la tarta con 50 g del chocolate rallado y cúbrala con una capa de nata montada. Esparza el resto de chocolate por encima y sirva la tarta a temperatura ambiente.

tarta de moras con crema de casis

ingredientes

PARA 6 PERSONAS

masa

350 g de harina, y un poco más para espolvorear
1 pizca de sal
175 g de mantequilla sin sal
50 g de azúcar extrafino
agua fría

relleno

750 g de moras
6 cucharadas de azúcar extrafino rubio
1 cucharada de casis
5 cucharaditas de sémola
1 clara de huevo

para servir

300 g de nata espesa
1 cucharada de casis
hojas de menta fresca

preparación

1 Para preparar la masa, tamice la harina y la sal en un cuenco, añada la mantequilla y trabaje la mezcla con los dedos. Incorpore el azúcar y añada el agua suficiente para ligar la masa. Envuélvala en film transparente y consérvela en el frigorífico 30 minutos.

2 Mientras tanto, limpie las moras y póngalas en un cuenco con 4 cucharadas del azúcar y el casis. Remuévalas para que queden bien cubiertas.

3 Extienda la masa en forma circular sobre una superficie ligeramente enharinada. Trabaje con cuidado porque se trata de una masa muy blanda. Deje los extremos sin pulir y coloque la masa en una bandeja de horno. Espolvoréela con la sémola, dejando un reborde de 6 cm. Apile la fruta en el centro y pinte los bordes con la clara de huevo. Doble los bordes hacia arriba para cubrir la fruta, procurando que no quede ningún hueco. Pinte la tarta con el resto de clara de huevo, espolvoréela con el resto del azúcar y cuézala en el horno precalentado a 200 °C durante 25 minutos.

4 Para servirla, monte la nata con el casis. Sirva la tarta caliente, directamente del horno, acompañada de una buena cucharada de crema de casis y adornada con hojas de menta.

empedrado de melocotón

ingredientes

PARA 4-6 PERSONAS

relleno

- 6 melocotones pelados y cortados en rodajas
- 4 cucharadas de azúcar extrafino
- 1/2 cucharada de zumo de limón
- 1 1/2 cucharaditas de harina de maíz
- 1/2 cucharadita de extracto de almendra o de vainilla
- helado de vainilla o de pacana, para acompañar

cobertura

- 175 g de harina
- 120 g de azúcar extrafino
- 1 1/2 cucharaditas de levadura en polvo
- 1/2 cucharadita de sal
- 85 g de mantequilla cortada en dados
- 1 huevo
- 5-6 cucharadas de leche

preparación

1 Ponga los melocotones en una fuente refractaria de 23 x 23 cm. Añada el azúcar, el zumo de limón, la harina de maíz y el extracto de almendras, y remuévalo todo bien. Cueza los melocotones en el horno precalentado a 220 °C durante 20 minutos.

2 Mientras tanto, para preparar la cobertura, tamice en un cuenco la harina, todo el azúcar menos 2 cucharadas, la levadura en polvo y la sal. Eche la mantequilla y trabaje la mezcla con los dedos, hasta que adquiera la consistencia del pan rallado. Mezcle el huevo y 5 cucharadas de la leche en una jarrita y añádalo a los ingredientes anteriores removiéndolo todo con un tenedor, hasta obtener una pasta de consistencia suave y pegajosa. Si le parece que está demasiado seca, añada la cucharada extra de leche.

3 Baje la temperatura del horno a 200 °C. Saque los melocotones del horno y vierta cucharadas de cobertura por encima sin alisar la superficie. Espolvoree el empedrado con el resto del azúcar y hornéelo 15 minutos más, hasta que la cobertura esté dorada y firme. Tenga en cuenta que la cobertura se expandirá durante la cocción. Sirva este postre caliente o a temperatura ambiente acompañado de helado.

clafoutis de cerezas

ingredientes

PARA 6 PERSONAS

mantequilla, para engrasar
450 g de cerezas frescas maduras deshuesadas
100 g de azúcar extrafino
2 huevos grandes
1 yema de huevo
100 g de harina
1 pizca de sal
175 ml de leche
4 cucharadas de nata espesa
1 cucharadita de esencia de vainilla

preparación

1 Engrase ligeramente con mantequilla una fuente refractaria de 1,25 litros de capacidad o un molde para quiche de 25 cm de diámetro. Distribuya las cerezas por la base y coloque la fuente en una bandeja de horno.

2 Con una batidora eléctrica, bata el azúcar, los huevos y la yema hasta que todo adquiera un color dorado pálido. Recoja lo que quede en los costados del vaso.

3 Añada la harina y la sal, y, a continuación, incorpore poco a poco la leche, la nata espesa y la esencia de vainilla para obtener una pasta de consistencia suave. Viértala en el molde.

4 Hornee el clafoutis a 200 °C unos 45 minutos, hasta que la superficie esté dorada y la pasta haya cuajado.

5 Deje reposar la tarta 5 minutos y después sírvala caliente o a temperatura ambiente.

tarta de queso al estilo de Nueva York

ingredientes

PARA 8-10 PERSONAS

6 cucharadas de mantequilla
200 g de galletas digestivas machacadas
aceite de girasol, para untar
400 g de queso cremoso
2 huevos grandes
140 g de azúcar extrafino
1 1/2 cucharaditas de esencia de vainilla
450 ml de crema agria

cobertura de arándanos

50 g de azúcar extrafino
4 cucharadas de agua
250 g de arándanos frescos
1 cucharadita de arruruz

preparación

1 Funda la mantequilla en un cazo a fuego lento y añada la galleta machacada. Unte con aceite de girasol un molde para pasteles desmontable de 20 cm de diámetro y extienda la mezcla de galleta encima. Ponga en un robot de cocina el queso cremoso, los huevos, 100 g del azúcar y 1/2 cucharadita de la esencia de vainilla. Bátalo todo hasta que adquiera una consistencia lisa. Vierta la pasta sobre la base de galleta y alise la superficie. Cueza la tarta en el horno precalentado a 190 °C durante 20 minutos, hasta que el relleno haya cuajado. Sáquela del horno y déjela reposar 20 minutos. Mantenga el horno encendido.

2 Mezcle en un cuenco la crema agria con el resto del azúcar y de la esencia de vainilla, y vierta la mezcla sobre el pastel de queso. Vuelva a meterlo en el horno 10 minutos, déjelo enfriar y consérvelo en el frigorífico 8 horas o toda la noche.

3 Para preparar la cobertura, ponga el azúcar en un cazo con 2 cucharadas de agua y remuévalo hasta que se haya disuelto. Suba el fuego, eche los arándanos, tape el recipiente y déjelos cocer unos minutos, hasta que empiecen a ablandarse. Retírelos del fuego. Mezcle en un cuenco el arruruz con el resto del agua, añádalo a la fruta y remuévalo todo hasta obtener una mezcla lisa. Vuelva a calentarlo a fuego lento hasta que el jugo se espese y torne transparente; espere a que se enfríe.

4 Desmolde el pastel 1 hora antes de servirlo. Extienda la cobertura de arándanos por encima y guárdelo en el frigorífico hasta la hora de comerlo.

tarta de frutas del bosque

ingredientes

PARA 4 PERSONAS

relleno

225 g de arándanos
225 g de frambuesas
225 g de moras
100 g de azúcar extrafino
2 cucharadas de azúcar glas, para adornar
nata montada, para acompañar

base

225 g de harina, y un poco más para espolvorear
25 g de avellanas molidas
100 g de mantequilla troceada bien menuda, y un poco más para engrasar
la ralladura fina de 1 limón
1 yema de huevo batida
4 cucharadas de leche

preparación

1 Ponga la fruta en una cacerola de base gruesa con 3 cucharadas del azúcar extrafino y cuézala a fuego lento, removiéndola con frecuencia, durante 5 minutos. Retire la cacerola del fuego.

2 Tamice la harina en un bol y añada la avellana. Agregue la mantequilla y trabaje la mezcla con los dedos, hasta que adquiera la consistencia del pan rallado. A continuación, añada el resto de azúcar. Agregue la ralladura de limón, la yema de huevo y 3 cucharadas de leche, y mézclelo todo bien. Amase la pasta brevemente sobre una superficie ligeramente enharinada, envuélvala y consérvela en el frigorífico 30 minutos.

3 Engrase con mantequilla un molde para tartas de 20 cm de diámetro. Extienda 2/3 de la masa con el rodillo hasta que tenga un grosor de 5 mm, y forre con ella la base y los costados del molde. Reparta la fruta sobre la base de la tarta. Unte el reborde con agua, extienda el resto de masa y cubra la tarta. Recorte el borde y presiónelo para que quede bien sellado. Realice dos pequeñas incisiones en la superficie y adórnela con dos trocitos de masa en forma de hoja. Úntela con el resto de la leche y cuézala en el horno precalentado a 190 °C durante 40 minutos.

4 Saque la tarta del horno, espolvoréela con el azúcar glas y sírvala con nata montada.

tarta de chocolate del Misisipí

ingredientes

PARA 8 PERSONAS

masa

225 g de harina, y un poco más para espolvorear
2 cucharadas de cacao en polvo sin azúcar
150 g de mantequila
2 cucharadas de azúcar extrafino
1-2 cucharadas de agua fría

relleno

175 g de mantequilla
250 g de azúcar moreno apelmazado
4 huevos ligeramente batidos
4 cucharadas de cacao en polvo sin azúcar tamizado
150 g de chocolate negro
300 ml de nata líquida
1 cucharadita de extracto de chocolate

para adornar

425 ml de nata espesa montada
copos y virutas de chocolate

preparación

1 Para preparar la masa, tamice la harina y el cacao en un cuenco. Agregue la mantequilla y trabaje la mezcla con los dedos hasta que adquiera la consistencia del pan rallado. Añada el azúcar y el agua fría suficiente para elaborar una masa suave. Envuélvala y déjela 15 minutos en el frigorífico.

2 Extienda la masa sobre una superficie enharinada y forre con ella un molde para tartas de base desmontable de 23 cm de diámetro. Fórrela con papel vegetal y ponga encima unas judías secas. Métala en el horno precalentado a 190 °C unos 15 minutos. Retírela del horno y saque las judías y el papel. Hornee la masa 10 minutos más.

3 Para preparar el relleno, bata la mantequilla con el azúcar en un bol y añada poco a poco los huevos y el cacao. Funda el chocolate y agréguelo a la mezcla, sin dejar de batir, junto con la nata líquida y el extracto de chocolate.

4 Baje la temperatura del horno a 160 °C. Vierta la mezcla sobre la masa y hornee la tarta 45 minutos, hasta que el relleno haya cuajado.

5 Deje enfriar la tarta por completo y, si lo desea, pásela a una fuente. Corónela con la nata montada y adórnela con copos y virutas de chocolate. Consérvela en el frigorífico hasta la hora de servirla.

tartaletas florentinas de praliné

ingredientes

PARA 6 UNIDADES

praliné

100 g de azúcar
3 cucharadas de agua
50 g de almendras fileteadas
mantequilla, para engrasar

masa

125 g de harina, y un poco más para espolvorear
1 pizca de sal
75 g de mantequilla fría cortada en trocitos
1 cucharadita de azúcar glas
agua fría

franchipan

75 g de mantequilla
2 huevos
75 g de azúcar extrafino
2 cucharadas de harina
120 g de almendras molidas

cobertura

8 cerezas confitadas picadas
2 cucharadas de piel de cítricos confitada picada
100 g de chocolate negro picado

preparación

1 Para preparar el praliné, ponga en un cazo el azúcar y el agua, y caliéntelos a fuego lento hasta que el azúcar se haya disuelto. No lo remueva, déjelo hervir 10 minutos, hasta que se caramelice, y después añada las almendras. Vierta la mezcla sobre un trozo de papel de aluminio engrasado con un poco de mantequilla. Espere a que se enfríe y se endurezca. Una vez frío, trocéelo.

2 Engrase unos moldes para tartaletas acanalados y de base desmontable de 9 cm de diámetro. Tamice la harina y la sal en un robot de cocina, añada la mantequilla y mézclelo todo hasta que adquiera la consistencia del pan rallado. Agregue el azúcar y un poco de agua fría, y ligue la masa. Pásela a una superficie ligeramente enharinada y divídala en 6 partes. Extienda cada porción con el rodillo y forre con ellas las tartaletas. Pase el rodillo por el borde para eliminar el exceso de masa. Déjelas 30 minutos en el congelador.

3 Prepare el franchipan. Funda la mantequilla, y bata los huevos y el azúcar. Añada la mantequilla y, a continuación, la harina y la almendra molida.

4 Hornee las tartaletas sin rellenar 10 minutos en el horno precalentado a 200 °C. Reparta el franchipan entre las tartaletas y vuelva a hornearlas entre 8 y 10 minutos. Mientras, mezcle las cerezas con la piel de cítrico, el chocolate y el praliné. Reparta la cobertura entre las tartaletas todavía calientes para que parte del chocolate se funda. Déjelas enfriar por completo antes de servirlas.

tarta rellena de chocolate

ingredientes

PARA 6 PERSONAS

350 g de masa quebrada sin azúcar ya preparada
harina, para espolvorear
azúcar glas, para espolvorear
150 ml de nata montada y canela molida, para adornar

relleno

140 g de chocolate negro picado
175 g de mantequilla cortada en dados
350 g de azúcar granulado rubio
100 g de harina
1/2 cucharadita de esencia de vainilla
6 huevos batidos

preparación

1 Extienda la masa sobre una superficie ligeramente enharinada y forre con ella un molde para tartas de 20 cm de diámetro y base desmontable. Pinche la masa con un tenedor, fórrela con papel de aluminio y ponga unas judías secas encima. Métala en el horno precalentado a 200 °C entre 12 y 15 minutos, hasta que parezca que no está cruda. Retire las judías y el papel de aluminio y déjela unos 10 minutos más en el horno, hasta que la masa esté firme. Déjela enfriar y baje la temperatura del horno a 180 °C.

2 Para preparar el relleno, ponga en un cuenco refractario el chocolate y la mantequilla, y manténgalo sobre una cacerola con agua hirviendo a fuego lento hasta que ambos ingredientes se hayan fundido. Remueva hasta que la crema adquiera una consistencia suave, retírela del fuego y déjela enfriar. En un cuenco aparte, eche el azúcar, la harina, la esencia de vainilla y los huevos, y bátalo todo hasta que adquiera una consistencia homogénea. Incorpore la mezcla de chocolate y mantequilla.

3 Vierta el relleno sobre la masa y hornéelo 50 minutos, hasta que el relleno haya cuajado. Deje enfriar la tarta por completo sobre una rejilla metálica. Espolvoréela con azúcar glas antes de servirla acompañada de nata montada ligeramente espolvoreada con canela.

tarta de Santiago

ingredientes

PARA 1 TARTA DE 25 CM DE DIÁMETRO

masa

280 g de harina, y un poco más para espolvorear
150 g de azúcar extrafino
1 cucharadita de ralladura de limón
1 pizca de sal
150 g de mantequilla sin sal, fría y cortada en dados, y un poco más para engrasar
1 huevo mediano ligeramente batido
1 cucharada de agua fría

relleno

175 g de mantequilla sin sal a temperatura ambiente
175 g de azúcar extrafino
3 huevos grandes
175 g de almendras molidas
2 cucharaditas de harina
1 cucharada de ralladura de naranja
1/2 cucharadita de extracto de almendras
azúcar glas, para espolvorear
crema agria (opcional), para acompañar

preparación

1 Para preparar la masa, ponga en un cuenco la harina, el azúcar, la ralladura de limón y la sal. Añada la mantequilla y trabaje la mezcla con los dedos, hasta que adquiera la consistencia del pan rallado. Mezcle el huevo batido con el agua y agréguelo a la mezcla de harina. Remuévalo todo con un tenedor hasta obtener una masa que no sea demasiado fina. Haga una bola con ella y consérvela en el frigorífico 1 hora como mínimo.

2 Extienda la masa sobre una superficie enharinada hasta que tenga 3 mm de grosor. Forre con ella un molde para tartas de 25 cm de diámetro. Vuelva a meterla en el frigorífico 15 minutos como mínimo y después cúbrala con papel de aluminio y coloque encima unas judías secas. Cuézala 12 minutos en el horno precalentado a 220 °C. Retire las judías y el papel de aluminio, y hornéela otros 4 minutos para que se seque la base. Sáquela del horno y baje la temperatura a 200 °C.

3 Prepare el relleno. Bata la mantequilla con el azúcar hasta que esté cremosa. Añada los huevos uno a uno. Agregue la almendra, la harina, la ralladura de naranja y el extracto de almendra, y bata la mezcla hasta que adquiera una consistencia homogénea.

4 Con una cuchara, deposite el relleno sobre la base y alise la superficie. Hornee la tarta de 30 a 35 minutos, hasta que esté dorada y al insertar una brocheta en el centro esta salga limpia. Déjela enfriar por completo sobre una rejilla metálica y espolvoréela con azúcar glas. Sírvala acompañada de una cucharada de crema agria.

tarta siciliana de mazapán con fruta confitada

ingredientes

PARA 6 PERSONAS

masa

125 g de harina
1 pizca de sal
75 g de mantequilla fría troceada
agua fría

relleno

300 g de mazapán
175 g de almendras molidas
150 g de mantequilla sin sal
100 g de azúcar extrafino
50 g de harina
2 huevos
50 g de pasas rubias
50 g de piel de cítricos confitada picada
50 g de cerezas confitadas partidas por la mitad
50 g de almendras fileteadas

preparación

1 Engrase ligeramente con mantequilla un molde para tartas acanalado de base desmontable y 22 cm de diámetro. Tamice la harina y la sal en un robot de cocina, añada la mantequilla y mézclelo todo hasta que adquiera la consistencia del pan rallado. Añada la cantidad de agua suficiente para ligar la masa. Pásela a una superficie espolvoreada con harina y extiéndala formando un círculo 8 cm más grande que el molde. Coloque la masa en el molde y presiónela bien. Pase el rodillo por el borde para eliminar el exceso de masa. Deposite un trozo de papel vegetal encima y cúbralo con judías secas.

2 Deje enfriar la masa en el frigorífico 30 minutos y cuézala 10 minutos en el horno precalentado a 190 °C. Retire las judías y el papel vegetal, y hornéela 5 minutos más. Baje la temperatura a 180 °C. Ralle el mazapán sobre la masa caliente.

3 Ponga en un robot de cocina la almendra molida, la mantequilla y el azúcar, y amáselo todo hasta obtener una consistencia suave. Añada 1 cucharada de harina y 1 huevo, y siga amasándolo. Agregue otra cucharada de harina y el otro huevo, y amáselo todo de nuevo. Por último, incorpore el resto de harina. Pase la mezcla a un cuenco y agregue las pasas, la piel de cítricos y las cerezas. Con una cuchara, deposite la mezcla sobre el mazapán, esparza las almendras fileteadas por encima y hornee la tarta 40 minutos. Espere a que se enfríe por completo y sírvala.

tarta de limón caramelizado

ingredientes

PARA 6 PERSONAS

masa

100 g de mantequilla fría troceada, y un poco más para engrasar
200 g de harina, y un poco más para espolvorear
1 pizca de sal
2 cucharadas de azúcar extrafino
1 yema de huevo
agua fría

relleno

5 limones
2 huevos
275 g de azúcar extrafino
175 g de almendras molidas
125 ml de nata espesa
100 ml de agua

preparación

1 Engrase ligeramente con mantequilla un molde para tartas acanalado de base desmontable y 22 cm de diámetro. Tamice la harina y la sal en un robot de cocina, añada la mantequilla y mézclelo todo hasta que adquiera la consistencia del pan rallado. Agregue el azúcar, la yema de huevo y la cantidad de agua suficiente para ligar la masa. Extienda la masa sobre una superficie espolvoreada con harina y forme un círculo 8 cm más grande que el molde. Levante la masa con cuidado y deposítela en el molde presionándola bien. Pase el rodillo por el borde para eliminar el exceso de masa. Coloque un trozo de papel vegetal encima y rellénela con judías secas. Deje enfriar la masa en el frigorífico 30 minutos y, a continuación, cuézala 10 minutos en el horno precalentado a 190 °C. Retire las judías y el papel vegetal, y hornéela 5 minutos más.

2 Ponga el zumo y la ralladura de 3 de los limones en un cuenco. Añada los huevos, 85 g de azúcar, la almendra molida y la nata espesa, y bátalo todo bien. Vierta la mezcla sobre la masa y hornee la tarta 25 minutos.

3 Corte los 2 limones restantes en rodajas finas, desechando las semillas y los extremos. Caliente en un cazo el resto del azúcar y el agua, hasta que el azúcar se haya disuelto. Cuézalo a fuego lento 5 minutos, incorpore las rodajas de limón y hiérvalas 10 minutos. Colóquelas sobre la superficie de la tarta en forma de espiral y rocíelas con el almíbar de limón que se ha formado en el cazo. Sirva la tarta fría o caliente.

tarta trufada con miel

ingredientes

PARA 6 PERSONAS

masa

75 g de mantequilla fría troceada, y un poco más para engrasar
125 g de harina, y un poco más para espolvorear
1 pizca de sal
1 cucharadita de azúcar glas
agua fría

relleno

225 g de requesón
120 g de queso cremoso
125 ml de nata espesa
2 yemas de huevo, más 1 huevo entero
2 cucharadas de azúcar extrafino
4 cucharadas de miel de flores, y un poco más para rociar
violetas cristalizadas o pétalos de rosa escarchados, para adornar

preparación

1 Engrase ligeramente con mantequilla un molde para tartas acanalado de base desmontable y 22 cm de diámetro. Tamice la harina y la sal en un robot de cocina, añada la mantequilla y mézclelo todo hasta que adquiera la consistencia del pan rallado. Agregue el azúcar y la cantidad de agua suficiente para ligar la masa. Extienda la masa sobre una superficie espolvoreada con harina y forme un círculo 8 cm más grande que el molde. Levante la masa con cuidado y deposítela en el molde, presionándola bien. Pase el rodillo por el borde para eliminar el exceso de masa. Coloque un trozo de papel vegetal encima, rellénela con judías secas y déjela enfriar en el frigorífico 30 minutos.

2 Retire la base de la tarta del frigorífico y cuézala 10 minutos en el horno precalentado a 190 °C. Retire las judías y el papel vegetal, y hornéela 5 minutos más.

3 Mezcle el requesón con el queso cremoso y la nata espesa hasta obtener una crema de consistencia suave. Incorpore las yemas de huevo, el huevo entero, el azúcar y la miel, y bátalo todo bien. Vierta el relleno sobre la base y hornee la tarta durante 30 minutos. Sáquela del horno y déjela enfriar en el molde unos 10 minutos. Rocíela con un poco más de miel y adórnela con violetas o pétalos de rosa.

bizcocho helado tipo Alaska

ingredientes

PARA 4 PERSONAS

mantequilla, para engrasar
2 huevos
175 g de azúcar extrafino, más 4 cucharadas
4 cucharadas de harina
2 cucharadas de cacao en polvo sin azúcar
3 claras de huevo
1 litro de helado de chocolate de buena calidad

preparación

1 Engrase con mantequilla un molde para pasteles de 18 cm de diámetro y forre la base con papel vegetal.

2 En un cuenco, bata los huevos y las 4 cucharadas de azúcar hasta que adquieran una consistencia muy espesa y presenten un color pálido. Tamice la harina y el cacao en polvo, y añádalos con cuidado a la mezcla.

3 Vierta la mezcla en el molde preparado y cueza el bizcocho en el horno precalentado a 220 °C durante 7 minutos, hasta que esté esponjoso al tacto. Desmóldelo y déjelo enfriar sobre una rejilla metálica.

4 Monte las claras de huevo a punto de nieve y vaya añadiendo el resto del azúcar poco a poco, hasta obtener un merengue espeso y reluciente. Coloque el bizcocho en una bandeja de horno. Ablande el helado en el frigorífico y colóquelo sobre el centro del bizcocho dándole una forma abovedada.

5 Con una espátula o manga pastelera, extienda el merengue sobre el helado, asegurándose de que queda bien cubierto. (En este punto, si lo desea, puede congelar el postre.) Vuelva a hornearlo 5 minutos, hasta que el merengue presente un color dorado pálido. Sírvalo enseguida.

pavlova de fruta variada

ingredientes

PARA 4 PERSONAS

6 claras de huevo
1 pizca de crémor tártaro
1 pizca de sal
300 g de azúcar extrafino
600 ml de nata espesa
1 cucharadita de esencia de vainilla
2 kiwis pelados cortados en rodajas
250 g de fresas sin el rabillo y cortadas en láminas
3 melocotones maduros cortados en rodadas
1 mango maduro, pelado y cortado en rodajas
2 cucharadas de licor de naranja, tipo Cointreau
hojas de menta fresca, para adornar

preparación

1 Forre tres bandejas para el horno con papel vegetal y, a continuación, dibuje un círculo de 22 cm de diámetro en el centro. Bata las claras de huevo a punto de nieve. Añada el crémor tártaro y la sal. Agregue 200 g del azúcar poco a poco. Bata la mezcla durante 2 minutos, hasta que esté brillante. Llene una manga pastelera con el merengue y recubra el círculo dibujado en el papel de cada bandeja, poniendo un poquito más en el centro. Cuézalo en el horno precalentado a 110 °C durante 3 horas. Retírelo del horno y déjelo enfriar.

2 Bata la nata espesa con la esencia de vainilla y el resto del azúcar. Ponga la fruta en un cuenco aparte y añada el licor. Coloque un círculo de merengue en una bandeja y úntelo con un tercio de la nata azucarada. Disponga encima una tercera parte de la fruta y coloque otro círculo de merengue encima. Extienda otro tercio de nata y después otro de fruta. Coloque el último círculo de merengue encima, extienda otra capa de nata y después el resto de la fruta. Adorne la pavlova con hojas de menta y sírvala.

tarta de pacanas

ingredientes

PARA 8 PERSONAS

250 g de harina
1 pizca de sal
120 g de mantequilla troceada
1 cucharada de manteca de cerdo o vegetal troceada
50 g de azúcar extrafino rubio
6 cucharadas de leche fría

relleno

3 huevos
250 g de azúcar mascabado
1 cucharadita de esencia de vainilla
1 pizca de sal
85 g de mantequilla fundida
3 cucharadas de sirope de maíz
3 cucharadas de melaza
350 g de pacanas troceadas

mitades de pacanas, para adornar
nata montada o helado de vainilla, para acompañar

preparación

1 Para preparar la masa, tamice la harina y la sal en un cuenco. Incorpore la mantequilla y la manteca, y trabaje la mezcla con los dedos hasta que adquiera la consistencia del pan rallado. Añada el azúcar extrafino y, a continuación, la leche. Trabaje la mezcla hasta obtener una masa de consistencia suave. Envuélvala y déjela durante 30 minutos en el frigorífico.

2 Extienda la masa y forre con ella un molde para tartas de 23 cm de diámetro. Recorte los bordes de masa sobrante pasando el rodillo por encima del molde. Cúbrala con papel vegetal y ponga encima unas judías secas. Cuézala en el horno precalentado a 200 °C unos 20 minutos. Retírela del horno y saque las judías y el papel. Baje la temperatura del horno a 180 °C y meta en él una bandeja.

3 Para preparar el relleno, bata ligeramente los huevos en un bol. Añada el azúcar mascabado, la esencia de vainilla y la sal. A continuación, agregue la mantequilla, el sirope, la melaza y las pacanas troceadas. Vierta la mezcla sobre la base de la tarta y adórnela con las mitades de pacana.

4 Deposítela en la bandeja del horno caliente y hornéela entre 35 y 40 minutos, hasta que el relleno haya cuajado. Sírvala caliente o a temperatura ambiente acompañada de nata montada o helado de vainilla.

tarta de limón con merengue

ingredientes

PARA 8-10 PERSONAS

mantequilla, para engrasar
harina, para espolvorear
250 g de masa quebrada, descongelada si se utiliza congelada
3 cucharadas de harina de maíz
85 g de azúcar extrafino
la ralladura fina de 3 limones
300 ml de agua fría
150 ml de zumo de limón
3 yemas de huevo
50 g de mantequilla sin sal en dados pequeños

merengue

3 claras de huevo
175 g de azúcar extrafino
1 cucharadita de azúcar granulado rubio

preparación

1 Engrase un molde para tartas acanalado de 25 cm de diámetro. Extienda la masa sobre una superficie enharinada y forre el molde. Pase el rodillo por el reborde para eliminar el exceso de masa y pinche la base con un tenedor. Conserve la masa en el frigorífico, sin taparla, entre 20 y 30 minutos. Forre la base de masa con papel vegetal y ponga unas judías secas encima. Cuézala 15 minutos en el horno precalentado a 200 °C. Retire las judías y el papel, y hornéela 10 minutos. Sáquela y baje la temperatura a 150 °C.

2 Ponga en un cazo la harina de maíz, el azúcar y la ralladura de limón. Añada un poco de agua y remuévalo todo hasta obtener una pasta suave. Agregue el resto del agua y el zumo de limón. Lleve la mezcla a ebullición a fuego medio sin dejar de remover. Cuézala a fuego lento 1 minuto más, hasta que esté suave y reluciente. Retírela del fuego. Incorpore las yemas una a una, sin dejar de batir la mezcla, y después eche la mantequilla. Coloque el cazo en un cuenco con agua fría para enfriar el relleno y después páselo con una cuchara a la base de masa.

3 Para preparar el merengue, bata las claras de huevo a punto de nieve y añada el azúcar extrafino poco a poco, batiéndolo todo bien tras cada adición. Extienda el merengue por encima del relleno, procurando que quede totalmente cubierto. Forme unos remolinos en el merengue y espolvoréelo con azúcar granulado. Hornee la tarta 20 o 30 minutos, hasta que el merengue esté crujiente y un poco dorado (el centro debe quedar blando). Déjelo enfriar un poco antes de servirlo.

soufflés de capuchino

ingredientes

PARA 6 UNIDADES

6 cucharadas de nata para montar
2 cucharaditas de café instantáneo granulado
2 cucharadas de Kahlua
mantequilla, para engrasar
3 huevos grandes con las yemas separadas de las claras, y una clara más
2 cucharadas de azúcar extrafino rubio, y un poco más para espolvorear
150 g de chocolate negro fundido y enfriado
cacao en polvo sin azúcar, para espolvorear
helado de vainilla y galletas de chocolate, para acompañar

preparación

1 Ponga la nata en un cazo pequeño de base gruesa y caliéntela a fuego lento. Añada el café y remueva la mezcla hasta que este se haya disuelto. Agregue el Kahlua. Reparta la mezcla entre 6 tarrinas de 175 ml de capacidad ligeramente engrasadas y espolvoreadas con azúcar extrafino.

2 Bata las claras a punto de nieve en un bol limpio, añada el azúcar poco a poco y siga batiendo hasta que estén firmes, pero no secas. En un cuenco aparte, mezcle las yemas de huevo y el chocolate fundido, y luego añada una pequeña porción de las claras montadas. Seguidamente, agregue el resto poco a poco.

3 Reparta la mezcla entre las tarrinas, colóquelas en una bandeja para horno y cueza los soufflés en el horno precalentado a 190 °C durante 15 minutos, hasta que hayan cuajado. Espolvoréelos con el cacao en polvo y sírvalos enseguida acompañados de helado de vainilla y galletas de chocolate.

brazo de gitano de chocolate

ingredientes

PARA 8 PERSONAS

- 4 huevos con las yemas separadas de las claras
- 120 g de azúcar extrafino rubio
- 120 g de chocolate negro fundido y enfriado
- 1 cucharadita de café instantáneo granulado disuelto en 2 cucharadas de agua caliente y después enfriado
- azúcar glas, para espolvorear
- cacao en polvo sin azúcar, para espolvorear
- frambuesas frescas, para servir

relleno

- 250 ml de nata espesa
- 140 g de chocolate blanco troceado
- 3 cucharadas de licor Tía María

preparación

1 Forre un molde de 23 x 33 cm con papel vegetal antiadherente. Bata las yemas con el azúcar hasta que estén espumosas. Añada el chocolate y, a continuación, el café. Bata las claras de huevo a punto de nieve, hasta que estén bien espesas, pero no secas. Incorpore un poco de clara a la mezcla de chocolate, y después agregue el resto. Vierta la mezcla en el molde y cueza el bizcocho en el horno precalentado a 180 °C de 15 a 20 minutos, hasta que esté firme. Cúbralo con un paño de cocina humedecido y déjelo reposar en el molde 8 horas o toda la noche.

2 Mientras tanto, prepare el relleno. Caliente la nata espesa hasta que esté a punto de hervir. En un robot de cocina, pique el chocolate grueso y, con el motor en marcha, vierta la nata espesa por el alimentador. Bata la mezcla hasta que quede suave. Añada el Tía María. Pase la mezcla a un bol y déjela enfriar. Consérvela en el frigorífico unas 8 horas o toda la noche.

3 Para montar el brazo de gitano, bata la crema de chocolate hasta que se formen picos suaves. Recorte una lámina de papel vegetal más grande que el bizcocho, póngala sobre una superficie de trabajo y espolvoréela con el azúcar glas. Vuelque el bizcocho sobre el papel y retire el papel vegetal del horneado. Extienda la crema de chocolate sobre el bizcocho y enróllelo partiendo del extremo corto más próximo a usted. Páselo a una fuente con el lado de la juntura hacia abajo. Déjelo en el frigorífico 2 horas y después espolvoréelo con el cacao en polvo. Sírvalo con las frambuesas.

pan y productos fermentados

Quienes nunca lo han probado creen que hornear productos fermentados es casi misión imposible. Sin embargo, es realmente fácil, sobre todo ahora que se suele utilizar más la levadura seca que la fresca. Es necesaria una pequeña planificación, ya que hay que esperar un tiempo a que la masa fermente, pero no hay nada como el aroma del pan casero recién horneado, así es que la espera merece la pena.

Los panes dulces son deliciosos para desayunar o acompañar el café o el té a cualquier hora del día. Su vida no volverá a ser la misma una vez sepa preparar sabrosas especialidades francesas como los Croissants y los Pains au chocolat. Hemos incluido aquí una receta para que pruebe los deliciosos Brioches de naranja y pasas. Las Espirales de canela y el Roscón de frutos secos resultan divertidos de comer, ya que puede morderlos con delicadeza o bien desenrollarlos y picotear los trocitos de fruta.

Los panes salados son el acompañamiento ideal para sopas, ensaladas y platos principales. El pan, ya sea dulce o salado, es estupendo para preparar bocadillos. Pruebe el Pan de orejones de albaricoque y nueces con un relleno de queso cremoso, o el Pan de aceitunas y tomates secados al sol con su embutido favorito y unos cuantos berros. Si le gusta la pizza, encontrará una receta de la clásica Pizza margarita que después podrá complementar a su gusto.

croissants

ingredientes

PARA 12 UNIDADES

500 g de harina de trigo duro, y un poco más para espolvorear
40 g de azúcar extrafino
1 cucharadita de sal
2 cucharaditas de levadura seca
300 ml de leche templada
300 g de mantequilla ablandada, aplanada con el rodillo entre dos láminas de papel vegetal hasta formar un rectángulo de 5 mm de grosor y, después, enfriada en el frigorífico
mantequilla extra, para engrasar
1 huevo ligeramente batido con 1 cucharada de leche, para glasear
mermelada, para servir (opcional)

necesitará

una plantilla de cartulina en forma de triángulo cuya base mida 18 cm y cuyos lados midan 20 cm

preparación

1 En un cuenco, mezcle todos los ingredientes secos, haga un hoyo en el centro y agregue la leche. Elabore una masa suave, añadiendo más leche si quedara muy seca. Amásela sobre una superficie enharinada entre 5 y 10 minutos, hasta que quede suave y elástica. Déjela fermentar en un cuenco engrasado con mantequilla y cubierto en un lugar cálido, hasta que haya duplicado su tamaño.

2 Amase la masa 1 minuto. Deje ablandar un poco la mantequilla. Extienda la masa sobre una superficie de trabajo bien enharinada hasta que mida 46 x 15 cm. Deposite la mantequilla en el centro y, a continuación, con el extremo corto de la masa mirando hacia usted, doble el tercio superior hacia el centro, pliegue el tercio inferior hacia arriba y pellizque los lados para juntarlos. Gírela para que el doblez quede a su izquierda y el pliegue superior a su derecha. Extienda la masa con el rodillo hasta formar un rectángulo y vuelva a doblarla. Si la mantequilla está demasiado blanda, envuelva la masa en film transparente y déjela un rato en el frigorífico. Repita el proceso de extender y doblar dos veces más. Corte la masa por la mitad. Extienda una mitad formando un triángulo de 5 mm de grosor (guarde la otra mitad en el frigorífico). Utilice la plantilla de cartulina para recortar los croissants.

3 Unte los triángulos con el glaseado. Deles forma de croissant empezando por la base y doblando las puntas hacia dentro. Úntelos de nuevo con el glaseado. Póngalos en una bandeja sin engrasar, espere a que dupliquen su tamaño y cuézalos en el horno precalentado a 200 °C de 15 a 20 minutos, hasta que estén dorados. Puede servirlos con mermelada.

brioches de naranja y pasas

ingredientes

PARA 12 UNIDADES

50 g de mantequilla fundida, y un poco más para engrasar
225 g de harina de trigo duro, y un poco más para espolvorear
1/2 cucharadita de sal
2 cucharaditas de levadura seca
1 cucharada de azúcar extrafino rubio
50 g de pasas
la ralladura de 1 naranja
2 cucharadas de agua tibia
2 huevos batidos
aceite vegetal, para untar
1 huevo batido, para glasear

preparación

1 Engrase con mantequilla 12 moldes individuales para brioche. Tamice la harina y la sal en un cuenco caliente y añada la levadura, el azúcar, las pasas y la ralladura de naranja. Haga un hoyo en el centro. En un cuenco aparte, mezcle el agua con los huevos y la mantequilla fundida, y vierta la mezcla sobre los ingredientes secos. Bátalo todo enérgicamente hasta obtener una masa de consistencia suave. Amásela 5 minutos sobre una superficie enharinada, hasta que esté suave y elástica. Unte un cuenco limpio con aceite. Ponga la masa en el cuenco, cúbralo con film transparente y déjela reposar en un lugar cálido 1 hora, hasta que haya duplicado su tamaño.

2 Amase la masa 1 minuto sobre una superficie enharinada y después dele forma alargada. Córtela en 12 trozos iguales. Tome 3/4 partes de cada trozo de masa y forme una bola, que depositará en los moldes preparados. Con un dedo enharinado haga un hoyo presionando en el centro de cada brioche. Dé forma de tapón a las porciones de masa restantes y presione los tapones contra los hoyos, aplanando ligeramente la superficie.

3 Coloque los moldes en una bandeja de horno, cúbralos ligeramente con film transparente untado con aceite y déjelos reposar 1 hora en un lugar cálido, hasta que la masa llegue casi al borde.

4 Unte los brioches con el huevo batido y cuézalos en el horno precalentado a 220 °C durante 15 minutos, hasta que estén dorados. Si lo desea, sírvalos con mantequilla caliente.

pains au chocolat

ingredientes

PARA 4 PERSONAS

100 g de mantequilla, y un poco más para engrasar

250 g de harina de trigo duro, y un poco más para espolvorear

1 cucharadita de sal

2 cucharaditas de levadura seca

175 ml de leche

2 cucharadas de azúcar extrafino rubio

1 cucharada de aceite, y un poco más para untar

120 g de chocolate negro troceado

1 yema de huevo y 2 cucharadas de leche, para el glaseado

preparación

1 Engrase una bandeja para el horno. Tamice la harina y la sal en un cuenco y añada la levadura. Haga un hoyo en el centro. Caliente la leche en un cazo hasta que esté tibia. Añada el azúcar y el aceite, y remuévalo todo hasta que el azúcar se haya disuelto. Incorpore la harina y remueva bien la mezcla. Extiéndala sobre una superficie enharinada y amásela hasta que quede suave. Déjela en un cuenco untado con aceite, cúbralo y déjela fermentar en un lugar cálido de 2 a 3 horas, hasta que haya duplicado su tamaño.

2 Amásela sobre una superficie enharinada y extiéndala con el rodillo hasta formar un rectángulo tres veces más largo que ancho. Divida la mantequilla en tres partes. Trocee una de las partes sobre los ⅔ superiores de la masa, dejando un borde de 1 cm. Doble el tercio inferior hacia arriba y el tercio superior hacia abajo. Selle los bordes. Dele media vuelta a la masa. Extiéndala y forme un rectángulo. Repita la operación dos veces y después dóblela por la mitad. Refrigérela 1 hora en una bolsa de plástico untada con aceite.

3 Corte la masa por la mitad y extiéndala para formar dos rectángulos de 30 x 15 cm. Corte cada mitad en cuatro rectángulos de 15 x 7,5 cm. Esparza el chocolate a lo largo de un extremo corto de cada rectángulo y enróllelos. Coloque los rollitos sobre una bandeja y déjelos en un lugar cálido de 2 a 3 horas, hasta que hayan duplicado su tamaño. Para glasear los rollitos, mezcle la yema de huevo con la leche y píntelos. Cuézalos en el horno precalentado a 220 °C de 15 a 20 minutos, hasta que estén dorados y hayan subido.

pan de chocolate

ingredientes

PARA 1 PAN

mantequilla, para engrasar
450 g de harina de trigo duro, y un poco más para espolvorear
25 g de cacao en polvo sin azúcar
1 cucharadita de sal
7 g de levadura seca
2 cucharadas de azúcar moreno
1 cucharada de aceite de maíz
300 ml de agua tibia
mantequilla, para servir

preparación

1 Engrase con un poco de mantequilla un molde para pan de 900 g de capacidad. Tamice la harina y el cacao en polvo en un cuenco, y añada la sal, la levadura y el azúcar. Vierta el aceite y el agua, y mézclelo todo bien hasta formar una masa.

2 Amásela 5 minutos sobre una superficie enharinada o bien utilice una batidora equipada con unas varillas para amasar. Coloque la masa en un cuenco engrasado con mantequilla, cúbralo y déjela fermentar en un lugar cálido 1 hora, hasta que haya duplicado su tamaño.

3 Golpee la masa para eliminar el aire retenido y dele forma de pan. Deposítela en el molde, cúbrala y déjela reposar en un lugar cálido 30 minutos más.

4 Cueza el pan en el horno precalentado a 200 °C de 25 a 30 minutos, hasta que suene a hueco al golpear la base. Déjelo enfriar por completo sobre una rejilla metálica. Rebánelo y sírvalo con mantequilla.

pan de cítricos

ingredientes

PARA 1 PAN

4 cucharadas de mantequilla cortada en dados, y un poco más para engrasar
450 g de harina de trigo duro, y un poco más para espolvorear
1/2 cucharadita de sal
50 g de azúcar extrafino
1 sobrecito de levadura seca
5-6 cucharadas de zumo de naranja, más la ralladura de 1 naranja
4 cucharadas de zumo de limón, más la ralladura de 1 limón
3-4 cucharadas de zumo de lima, más la ralladura de 1 lima
150 ml de agua tibia
2 cucharadas de miel, para glasear

preparación

1 Engrase ligeramente con mantequilla una bandeja para el horno.

2 Tamice la harina y la sal en un cuenco. Añada el azúcar y la levadura. Agregue luego la mantequilla y trabaje la mezcla con los dedos, hasta que tenga la consistencia del pan rallado. Añada los tres zumos y el agua, y trabaje todos los ingredientes con los dedos hasta ligar la masa.

3 Amásela 5 minutos sobre una superficie ligeramente enharinada o con las varillas de amasar de una batidora eléctrica. Póngala en un cuenco untado con aceite, cúbrala y déjela fermentar en un lugar cálido 1 hora, hasta que haya duplicado su tamaño.

4 Mezcle las ralladuras de la naranja, del limón y de la lima e incorpórelas a la masa y trabájela un poco más.

5 Divida la masa en dos bolas, una ligeramente más grande que la otra. Coloque la mayor de ellas en la bandeja de horno y la pequeña encima. Hunda la parte central de la masa con un dedo enharinado. Cúbrala y déjela fermentar 40 minutos, hasta que esté esponjosa al tacto.

6 Cueza el pan 35 minutos en el horno precalentado a 220 °C. Sáquelo del horno y póngalo sobre una rejilla metálica. Glaséelo con la miel y espere a que se enfríe por completo.

stollen

ingredientes

PARA 10 PERSONAS

85 g de pasas de Corinto
50 g de pasas de Málaga
2 cucharadas de piel de cítrico picada
50 g de cerezas confitadas lavadas, secadas y cuarteadas
2 cucharadas de ron
50 g de mantequilla
175 ml de leche
2 cucharadas de azúcar extrafino rubio
375 g de harina de trigo duro, y un poco más para espolvorear
1/2 cucharadita de nuez moscada molida
1/2 cucharadita de canela molida
las semillas de 3 vainas de cardamomo
2 cucharaditas de levadura seca
la ralladura fina de 1 limón
1 huevo batido
40 g de almendras fileteadas
aceite vegetal, para untar
175 g de mazapán
mantequilla fundida, para engrasar
azúcar glas tamizado, para espolvorear

preparación

1 Eche en un cuenco ambos tipos de pasas, la piel de cítrico, las cerezas y el ron, y resérvelos. Ponga en un cazo a fuego lento la mantequilla, la leche y el azúcar, y remueva la mezcla hasta que el azúcar se haya disuelto y la mantequilla se haya fundido. Tamice en un cuenco la harina, la nuez moscada y la canela. Machaque las semillas de cardamomo y añádalas a la harina. Agregue la levadura. Haga un hoyo en el centro, eche la mezcla de leche, la ralladura de limón y el huevo, y bátalo todo hasta obtener una masa.

2 Amásela sobre una superficie enharinada durante 5 minutos, añadiendo más harina si fuera necesario. Incorpore la fruta adobada y las almendras. Pase la masa a un cuenco limpio y untado con aceite. Cúbrala con film transparente y déjela fermentar en un lugar cálido 3 horas, hasta que haya duplicado su tamaño. Pásela a una superficie enharinada, amásela 1 o 2 minutos y con el rodillo forme un cuadrado de 25 cm.

3 Extienda el mazapán en forma de salchicha más corta que la masa. Colóquelo sobre el centro de la masa, doble los costados por encima del mazapán y solápelos. Selle los extremos. Coloque el rollo en una bandeja de horno con el lado de la juntura hacia abajo, cúbralo con film transparente untado con aceite y déjelo fermentar en un lugar cálido 2 horas, hasta que haya duplicado su tamaño. Precaliente el horno a 190 °C y hornee el stollen 40 minutos, hasta que esté dorado y suene a hueco al golpearlo. Úntelo con mantequilla fundida, espolvoréelo con azúcar glas y déjelo enfriar sobre una rejilla metálica.

espirales de canela

ingredientes

PARA 12 UNIDADES

2 cucharadas de mantequilla troceada, y un poco más para engrasar

225 g de harina de trigo duro, y un poco más para espolvorear

½ cucharadita de sal

7 g de levadura seca

1 huevo batido

125 ml de leche caliente

2 cucharadas de jarabe de arce

relleno

4 cucharadas de mantequilla ablandada

2 cucharaditas de canela molida

50 g de azúcar moreno apelmazado

50 g de pasas de Corinto

preparación

1 Engrase con mantequilla un molde para pasteles de 23 x 23 cm. Tamice la harina y la sal en un cuenco. Añada la levadura y la mantequilla, y trabaje la mezcla con los dedos hasta que adquiera la consistencia del pan rallado. Agregue el huevo y la leche, y mézclelo todo hasta obtener una masa. Pásela a un cuenco untado con mantequilla, cúbrala y déjela fermentar en un lugar cálido 40 minutos, hasta que haya duplicado su tamaño.

2 Amase ligeramente la masa 1 minuto para que expulse el aire retenido. A continuación, extiéndala sobre una superficie enharinada y forme un rectángulo de 30 x 23 cm.

3 Para preparar el relleno, bata la mantequilla, la canela y el azúcar moreno hasta que la mezcla quede suave y esponjosa. Extienda el relleno sobre la masa, dejando un reborde libre de 2,5 cm. Esparza las pasas por encima.

4 Con cuidado, enrolle la masa como un brazo de gitano, empezando por un extremo largo, y presiónela para sellarla. Con un cuchillo afilado, corte el rollo en 12 rebanadas. Colóquelas en el molde preparado, cúbralas y déjelas reposar 30 minutos.

5 Cueza las espirales en el horno precalentado a 190 °C de 20 a 30 minutos, hasta que hayan subido. Píntelas con el jarabe de arce y déjelas enfriar un poco antes de servirlas calientes.

roscón de frutos secos

ingredientes

PARA 1 ROSCÓN

2 cucharadas de mantequilla cortada en dados, y un poco más para engrasar
225 g de harina de trigo duro, y un poco más para espolvorear
1/2 cucharadita de sal
1 sobrecito de levadura seca
125 ml de leche tibia
1 huevo ligeramente batido

relleno

4 cucharadas de mantequilla ablandada
50 g de azúcar moreno
2 cucharadas de avellanas picadas
1 cucharada de jengibre confitado picado
50 g de piel de cítricos confitada
1 cucharada de ron o de brandy

glaseado

100 g de azúcar glas
2 cucharadas de zumo de limón

preparación

1 Engrase una bandeja de horno con un poco de mantequilla. Tamice la harina y la sal en un cuenco, y añada la levadura. Incorpore la mantequilla y trabaje la mezcla con los dedos. Agregue la leche y el huevo, y trabaje bien la masa con los dedos.

2 Pásela a un cuenco engrasado, cúbrala y déjela fermentar en un lugar cálido 40 minutos, hasta que haya duplicado su tamaño. Golpéela ligeramente 1 minuto, extiéndala con el rodillo y forme un rectángulo de 30 x 23 cm.

3 Para preparar el relleno, bata la mantequilla y el azúcar, añada las avellanas, el jengibre, la piel de cítrico confitada y el ron o brandy. Extienda el relleno sobre la masa, dejando un reborde libre de 2,5 cm.

4 Enrolle la masa empezando por uno de los extremos largos, como si se tratara un brazo de gitano. Córtelo en rebanadas de 5 cm y colóquelas formando un círculo en la bandeja de horno, con los costados tocándose. Cúbralas y déjelas reposar en un lugar cálido 30 minutos.

5 Cueza el roscón en el horno precalentado a 190 °C de 20 a 30 minutos, hasta que esté dorado. Mientras tanto, mezcle el azúcar glas con la cantidad de zumo de limón suficiente para obtener un glaseado ligero. Deje enfriar un poco el roscón antes de rociarlo con esta mezcla. Espere a que el glaseado cuaje un poco antes de servir el roscón.

pan de dátiles y miel

ingredientes

PARA 10 PERSONAS

mantequilla, para engrasar
250 g de harina de trigo duro, y un poco más para espolvorear
75 g de harina de trigo duro integral
1/2 cucharadita de sal
7 g de levadura seca
200 ml de agua tibia
3 cucharadas de aceite de maíz
3 cucharadas de miel
75 g de dátiles secos picados
2 cucharadas de semillas de sésamo

preparación

1 Engrase con mantequilla un molde para pan de 900 g de capacidad. Tamice las harinas en un cuenco, y añada la sal y la levadura. Vierta el agua, el aceite y la miel, y forme una masa con la mezcla.

2 Amásela sobre una superficie ligeramente enharinada durante 5 minutos, hasta que adquiera una consistencia suave, y después colóquela en un cuenco engrasado. Cúbrala y déjela fermentar en un lugar cálido 1 hora, hasta que haya duplicado su tamaño.

3 Incorpore los dátiles y las semillas de sésamo a la masa. Dele forma de plum cake y póngala en el molde preparado. Cúbrala y déjela reposar en un lugar cálido 30 minutos más, hasta que esté esponjosa al tacto.

4 Cueza el pan en el horno precalentado a 220 °C durante 30 minutos, hasta que la base suene hueca al golpearla. Páselo a una rejilla metálica y déjelo enfriar por completo. Sírvalo cortado en rebanadas gruesas.

pan de plátano y naranja

ingredientes

PARA 1 PAN MEDIANO

500 g de harina de trigo duro, 1-2 cucharadas más por si la masa queda pegajosa, y para espolvorear
1 cucharadita de sal
1 cucharadita de levadura seca
3 cucharadas de mantequilla cortada en dados
2 plátanos medianos maduros o 1 plátano grande maduro, pelados y triturados
3 cucharadas de miel líquida
200 ml de suero de leche tibio
aceite vegetal, para untar
leche, para glasear (opcional)

preparación

1 Ponga en un cuenco la harina, la sal y la levadura. Añada la mantequilla y trabaje la mezcla con los dedos. Agregue el plátano triturado y la miel. Haga un hoyo en el centro y añada el zumo de naranja y el suero de leche poco a poco para obtener una masa de consistencia suave.

2 Pase la masa a una superficie enharinada y amásela de 5 a 7 minutos, hasta que esté suave y elástica. Si está muy pegajosa, añada un poco más de harina. (La pegajosidad dependerá del tamaño de los plátanos y de lo maduros que estén.) Pásela a un cuenco engrasado con un poco de aceite, cúbrala con film transparente y déjela fermentar en un lugar cálido durante 1 hora, hasta que haya duplicado su tamaño.

3 Unte con aceite un molde para pan de 900 g de capacidad. Amase 1 minuto la masa sobre una superficie ligeramente enharinada, hasta que adquiera una consistencia suave. Dele forma a la masa para que tenga la misma longitud del molde y tres veces su anchura. Doble la masa en tres a lo largo e introdúzcala en el molde con el lado de la juntura hacia abajo. Cúbrala y déjela reposar en un lugar cálido 30 minutos, hasta que haya rebasado la altura del molde.

4 Justo antes de hornear el pan, úntelo con la leche, si lo desea. Métalo en el horno precalentado a 220 °C durante 30 minutos, hasta que esté firme y dorado. Compruebe que esté cocido dándole un golpecito en la base (tiene que sonar a hueco). Déjelo enfriar por completo sobre una rejilla metálica antes de servirlo.

pan de mango

ingredientes

PARA 1 PAN

3 cucharadas de mantequilla cortada en dados, y un poco más para engrasar
450 g de harina de trigo duro, y un poco más para espolvorear
1 cucharadita de sal
1 sobrecito de levadura seca
1 cucharadita de jengibre molido
50 g de azúcar moreno
1 mango pequeño pelado, deshuesado y batido hasta formar una pasta
250 ml de agua tibia
2 cucharadas de miel
125 g de pasas rubias
1 huevo ligeramente batido
azúcar glas, para espolvorear

preparación

1 Engrase una bandeja de horno con un poco de mantequilla. Tamice la harina y la sal en un cuenco, añada la levadura, el jengibre y el azúcar moreno. A continuación, agregue la mantequilla y trabaje la mezcla con los dedos hasta que adquiera la consistencia del pan rallado.

2 Incorpore la pasta de mango, el agua tibia y la miel, y forme una masa.

3 Amásela sobre una superficie ligeramente enharinada durante 5 minutos, hasta que esté suave, o bien con las varillas de amasar de una batidora eléctrica. Pásela a un cuenco engrasado con mantequilla, cúbrala y déjela fermentar en un lugar cálido 1 hora, hasta que haya duplicado su tamaño.

4 Incorpore las pasas a la masa y forme con ella dos tiras alargadas de 25 cm de longitud. Con cuidado, trence las dos tiras y pellizque los extremos para sellarlos. Coloque la masa en la bandeja de horno, cúbrala y déjela fermentar en un lugar cálido durante 40 minutos más.

5 Pinte el pan con el huevo y cuézalo en el horno precalentado a 220 °C durante 30 minutos, hasta que esté dorado. Déjelo enfriar sobre una rejilla metálica y espolvoréelo con azúcar glas antes de servirlo.

pan de orejones de albaricoque y nueces

ingredientes

PARA 12 PERSONAS

50 g de mantequilla, y un poco más para engrasar
350 g de harina de trigo duro, y un poco más para espolvorear
1/2 cucharadita de sal
1 cucharadita de azúcar extrafino rubio
2 cucharaditas de levadura seca
120 g de orejones de albaricoque que no precisen remojo picados
50 g de nueces picadas
150 ml de leche tibia
75 ml de agua tibia
1 huevo batido
aceite vegetal, para untar

cobertura

85 g de azúcar glas
un poco de agua
mitades de nuez

preparación

1 Engrase y enharine una bandeja de horno. Tamice la harina y la sal en un cuenco caliente, y añada el azúcar y la levadura. Incorpore la mantequilla con los dedos, y después los orejones de albaricoque y las nueces. Haga un hoyo en el centro. En un cuenco aparte, mezcle la leche con el agua y el huevo. Viértalos sobre los ingredientes secos y mézclelo todo bien hasta obtener una masa suave. Pásela a una superficie ligeramente enharinada y amásela 10 minutos, hasta que esté suave. Póngala en un cuenco engrasado con aceite, cúbrala con film transparente untado con aceite y déjela fermentar en un lugar cálido 2 o 3 horas, hasta que haya duplicado su tamaño.

2 Pase la masa a una superficie enharinada y amásela durante 1 minuto. Divídala en cinco partes iguales y haga con cada parte una tira de 30 cm de largo. Trence tres tiras, pellizque los extremos para sellarlos y coloque la trenza en la bandeja de hornear preparada. Retuerza las dos tiras restantes y colóquelas encima de la trenza. Cubra el pan sin apretarlo con film transparente engrasado y déjelo reposar en un lugar cálido 1 o 2 horas, hasta que haya duplicado su tamaño.

3 Cuézalo en el horno precalentado a 220 °C unos 10 minutos, baje la temperatura a 190 °C y hornéelo 20 minutos más. Páselo a una rejilla metálica y espere a que se enfríe. Para la cobertura, tamice el azúcar glas en un cuenco, agregue el agua suficiente para obtener una mezcla ligera y rocíe el pan con ella. Adórnelo con las mitades de nuez.

pan blanco crujiente

ingredientes

PARA 1 PAN MEDIANO

1 huevo

1 yema de huevo

agua templada, según se necesite

500 g de harina de trigo duro, y un poco más para espolvorear

$1^{1}/_{2}$ cucharaditas de sal

2 cucharaditas de azúcar

1 cucharadita de levadura seca

2 cucharadas de mantequilla cortada en dados

aceite vegetal, para untar

preparación

1 Ponga el huevo y la yema en una jarra y bátalos ligeramente. Añada el agua tibia suficiente para obtener 300 ml. Remuévalo bien.

2 Eche en un cuenco la harina, la sal, el azúcar y la levadura. Añada la mantequilla y trabaje la mezcla con los dedos hasta que adquiera la consistencia del pan rallado. Haga un hoyo en el centro, agregue la mezcla de huevo y elabore una masa de consistencia suave.

3 Amase la masa sobre una superficie enharinada durante 10 minutos, hasta que esté suave y elástica. Póngala en un cuenco engrasado con aceite, cúbrala con film transparente y déjela fermentar en un lugar cálido 1 hora, hasta que haya duplicado su tamaño.

4 Unte con aceite un molde para pan. Ponga la masa sobre una superficie enharinada y amásela 1 minuto, hasta que quede suave. Dele forma a la masa para que tenga la misma longitud del molde y tres veces su anchura. Doble la masa en tres a lo largo e introdúzcala en el molde con el lado de la juntura hacia abajo. Cúbrala y déjela reposar en un lugar cálido 30 minutos, hasta que haya rebasado la altura del molde.

5 Cueza el pan en el horno precalentado a 220 °C durante 30 minutos, hasta que esté firme y dorado. Estará cocido cuando al darle un golpecito en la base suene a hueco. Déjelo enfriar por completo sobre una rejilla metálica.

pan de aceitunas y tomates secados al sol

ingredientes

PARA 8 PERSONAS

400 g de harina de trigo duro, y un poco más para espolvorear
1 cucharadita de sal
1 sobrecito de levadura seca
1 cucharadita de azúcar moreno
1 cucharada de tomillo fresco picado
200 ml de agua caliente (calentada a 50 °C)
50 g de aceitunas negras deshuesadas y cortadas en rodajitas
100 g de tomates secados al sol conservados en aceite, escurridos y cortados en rodajitas
4 cucharadas de aceite de oliva, y un poco más para untar
1 yema de huevo batida

preparación

1 Ponga en un cuenco la harina, la sal y la levadura, y mézclelos. A continuación, añada el azúcar y el tomillo. Haga un hoyo en el centro. Vaya añadiendo poco a poco el agua caliente y el aceite suficientes para formar una masa. Incorpore las aceitunas y el tomate. Amase la masa 5 minutos y después forme una bola. Unte un cuenco con aceite, ponga la masa en él y cúbrala con film transparente. Déjela fermentar en un lugar cálido 1½ horas, hasta que haya duplicado su tamaño.

2 Espolvoree una bandeja de horno con harina. Amase la masa ligeramente, córtela en dos mitades y deles una forma oval o circular. Colóquelas en la bandeja de horno, cúbralas con film transparente y déjelas fermentar de nuevo 45 minutos, hasta que hayan duplicado su tamaño.

3 Haga tres incisiones superficiales en diagonal sobre cada pieza de masa. Pinte los panes con huevo y cuézalos en el horno precalentado a 200 °C durante 40 minutos o hasta que estén cocidos. Deberían sonar huecos al golpear ligeramente la base. Déjelos enfriar sobre una rejilla metálica y consérvelos hasta 3 días en un recipiente hermético.

focaccia con aceitunas negras

ingredientes

PARA 12 PERSONAS

500 g de harina de trigo duro, y un poco más para espolvorear
1 cucharadita de sal
2 cucharaditas de levadura seca
350 ml de agua tibia
6 cucharadas de aceite de oliva virgen extra, y un poco más para untar
120 g de aceitunas negras deshuesadas y troceadas
1 cucharadita de sal gema

preparación

1 Tamice la harina y la sal en un cuenco, y añada la levadura. Vierta el agua y 2 cucharadas del aceite de oliva, y mézclelo todo hasta obtener una masa suave. Amásela sobre una superficie ligeramente enharinada entre 5 y 10 minutos, hasta que esté suave y elástica. Póngala en un cuenco limpio, caliente y engrasado con aceite, cúbrala con film transparente y déjela fermentar en un lugar cálido 1 hora, hasta que haya duplicado su tamaño.

2 Unte con aceite dos bandejas para el horno. Golpee la masa para eliminar el aire retenido y amásela sobre una superficie enharinada durante 1 minuto. Añada las aceitunas y amase para que queden bien ligadas. Parta la masa por la mitad y forme dos figuras ovales de 28 x 23 cm. Colóquelas en las bandejas de horno, cúbralas con film transparente untado con aceite y déjelas fermentar en un lugar cálido 1 hora, hasta que la masa esté hinchada.

3 Presione la masa con los dedos para formar hoyitos, rocíela con 2 cucharadas de aceite y espolvoréela con la sal gema. Cueza las focaccias en el horno precalentado a 200 °C entre 30 y 35 minutos, hasta que estén doradas. Rocíelas con el resto de aceite de oliva y cúbralas con un paño para que la corteza quede blanda. Corte cada pan en 6 porciones y sírvalo caliente.

focaccia con tomates cereza asados, albahaca y panceta crujiente

ingredientes

PARA 4-6 PERSONAS

500 g de harina de trigo duro, y un poco más para amasar, extender y espolvorear
1 cucharada de albahaca seca
1/2 cucharadita de azúcar
2 cucharaditas de levadura seca de fermentación rápida
2 cucharaditas de sal
325 ml de agua tibia
2 cucharadas de aceite de oliva, y un poco más para untar

cobertura

400 g de tomates cereza
1 cucharada de aceite de oliva, y un poco más para untar y rociar
sal y pimienta
200 g de panceta gruesa cortada en dados
4 cucharadas de albahaca fresca picada

preparación

1 Ponga en un cuenco la harina, la albahaca seca, el azúcar, la levadura y la sal. Mezcle el agua con el aceite y añádalo a los ingredientes secos para formar una masa suave. Agregue más agua si cree que la masa está demasiado seca. Pásela a una superficie ligeramente enharinada y amásela 10 minutos, hasta que esté suave y elástica. Póngala en un cuenco ligeramente engrasado con aceite y cúbrala con film transparente. Deje fermentar la masa en un lugar cálido 1 hora, hasta que haya duplicado su tamaño.

2 Ponga los tomates en una bandeja de horno cubierta con papel vegetal, rocíelos con aceite y salpiméntelos. Áselos en el horno precalentado a 140 °C unos 30 minutos, hasta que estén tiernos.

3 Suba la temperatura del horno a 220 °C. Retire la masa del cuenco y amásela de nuevo brevemente. Dele forma rectangular y colóquela en una bandeja de horno engrasada con aceite, dándole la vuelta para que se unte por ambos lados. Haga unas muescas en la masa con los dedos. Coloque los tomates asados y la panceta encima, y salpiméntelos. Deje reposar la masa en un lugar cálido 10 minutos para que vuelva a subir. Hornee la focaccia de 10 a 15 minutos, hasta que esté cocida y dorada. Rocíela con aceite y esparza la albahaca fresca por encima. Sírvala caliente.

pan de semillas

ingredientes

PARA 1 PAN MEDIANO

375 g de harina de trigo duro, y un poco más para espolvorear

125 g de harina de centeno

1 1/2 cucharadas de leche desnatada en polvo

1 1/2 cucharaditas de sal

1 cucharada de azúcar moreno

1 cucharadita de levadura seca

1 1/2 cucharadas de aceite de girasol, y un poco más para engrasar

2 cucharaditas de zumo de limón

300 ml de agua tibia

1 cucharadita de semillas de alcaravea

1/2 cucharadita de semillas de amapola

1/2 cucharadita de semillas de sésamo

cobertura

1 clara de huevo

1 cucharada de agua

1 cucharada de pipas de girasol o de calabaza

preparación

1 Ponga en un cuenco ambas harinas, la leche en polvo, la sal, el azúcar y la levadura. Vierta el aceite, y agregue el zumo de limón y el agua. Añada las semillas y mézclelo todo hasta obtener una masa de consistencia suave.

2 Pase la masa a una superficie enharinada y amásela 10 minutos, hasta que esté suave y elástica. Póngala en un cuenco engrasado con aceite, cúbrala con film transparente y déjela fermentar en un lugar cálido 1 hora, hasta que haya duplicado su tamaño.

3 Unte con aceite un molde para pan de 900 g de capacidad. Amase la masa sobre una superficie ligeramente enharinada durante 1 minuto, hasta que adquiera una consistencia suave. Dele forma a la masa para que tenga la misma longitud del molde y tres veces su anchura. Doble la masa en tres a lo largo e introdúzcala en el molde con el lado de la juntura hacia abajo. Cúbrala y déjela reposar en un lugar cálido 30 minutos, hasta que haya rebasado la altura del molde.

4 Para preparar la cobertura, bata ligeramente la clara de huevo con el agua para hacer un glaseado. Justo antes de hornearlo, unte el pan con el glaseado y presione con suavidad las pipas de girasol o calabaza sobre la superficie.

5 Cuézalo en el horno precalentado a 220 °C unos 30 minutos, hasta que esté firme y dorado. Sabrá que está cocido cuando al golpear la base suene a hueco. Déjelo enfriar por completo sobre una rejilla metálica antes de servirlo.

trenza de queso y cebollino

ingredientes

PARA 10 PERSONAS

- 450 g de harina de trigo duro, y un poco más para espolvorear
- 1 cucharadita de sal
- 1 cucharadita de azúcar extrafino
- $1\frac{1}{2}$ cucharaditas de levadura seca
- 2 cucharadas de mantequilla
- 120 g de queso cheddar rallado grueso
- 3 cucharadas de cebollino fresco troceado
- 4 cebolletas picadas
- 150 ml de leche tibia
- 175 ml de agua tibia
- aceite vegetal, para untar
- huevo batido, para glasear

preparación

1 Tamice en un cuenco la harina y la sal, y añada el azúcar y la levadura. Incorpore la mantequilla con los dedos y, a continuación, agregue el queso, el cebollino y la cebolleta. Haga un hoyo en el centro. Mezcle la leche con el agua, viértalo sobre los ingredientes secos y elabore una masa dc consistencia suave. Amásela sobre una superficie enharinada durante 10 minutos, hasta que esté suave y elástica.

2 Póngala en un cuenco limpio y engrasado con aceite, cúbrala con film transparente y déjela fermentar en un lugar cálido 1 hora, hasta que haya duplicado su tamaño. Unte una bandeja de horno grande con aceite. Pase la masa a una superficie ligeramente enharinada y amásela durante 1 minuto. Divídala en tres partes. Forme tiras con cada parte y tréncelas, pellizcando los extremos para sellarlos.

3 Pase la trenza a la bandeja engrasada y cúbrala con film transparente. Déjela reposar en un lugar cálido 45 minutos, hasta que haya duplicado su tamaño. Píntela con el huevo batido y cuézala en el horno precalentado a 220 °C durante 20 minutos.

4 Baje la temperatura a 180 °C y hornee el pan 15 minutos más, hasta que esté dorado y suene a hueco al golpear ligeramente la base. Sírvalo frío o caliente.

muffins ingleses

ingredientes

PARA 10-12 UNIDADES

14 g de levadura seca
250 ml de agua tibia
125 ml de yogur natural
450 g de harina de trigo duro
1/2 cucharadita de sal
50 g de sémola fina
aceite, para engrasar
mantequilla y mermelada (opcional), para servir

preparación

1 En un cuenco, diluya la levadura en la mitad del agua tibia. Añada el resto de agua y el yogur, y remueva bien la mezcla.

2 Tamice la harina en un cuenco y añada la sal. Vierta la mezcla de levadura y elabore una masa suave. Pase la masa a una superficie enharinada y amásela hasta que esté suave y elástica. Vuelva a poner la masa en el cuenco, cúbrala con film transparente y déjela fermentar en un lugar cálido durante 30 o 40 minutos, hasta que haya duplicado su tamaño.

3 Pásela de nuevo a una superficie enharinada y amásela ligeramente. Extiéndala hasta que tenga un grosor de 2 cm y con un cortapastas recorte círculos de 7,5 cm de diámetro. Espolvoréelos con la sémola. Extienda los trocitos de masa sobrante y recorte unos cuantos muffins más, hasta haberla utilizado del todo. Colóquelos en una bandeja de horno ligeramente enharinada, cúbralos y déjelos fermentar de nuevo entre 30 y 40 minutos.

4 Caliente una sartén grande y engrásela ligeramente con un poquito de aceite. Dore la mitad de los muffins entre 7 y 8 minutos por cada lado, procurando que no se quemen. Repita con el resto y sírvalos todos a la vez, si lo desea acompañados de mantequilla y mermelada.

pizza margarita

ingredientes

PARA 2 UNIDADES

masa

225 g de harina de trigo duro, y un poco más para espolvorear
1 cucharadita de sal
1 cucharadita de levadura seca
1 cucharada de aceite de oliva, y un poco más para untar
6 cucharadas de agua tibia

cobertura

6 tomates cortados en rodajas finas
175 g de mozzarella escurrida y cortada en lonchas finas
sal y pimienta
2 cucharadas de hojas de albahaca fresca cortadas en tiras finas
2 cucharadas de aceite de oliva

preparación

1 Para preparar la masa, tamice la harina y la sal en un cuenco, y añada la levadura. Haga un hoyo en el centro y vierta en él el aceite y el agua. Con una cuchara de madera o con las manos enharinadas, una los ingredientes secos con los líquidos poco a poco.

2 Pase la masa a una superficie enharinada y amásela bien durante 5 minutos, hasta que esté suave y elástica. Vuelva a ponerla en el cuenco limpio, cúbrala con film transparente ligeramente untado con aceite y déjela fermentar en un lugar cálido 1 hora, hasta que haya duplicado su tamaño.

3 Pásela a una superficie enharinada y golpéela para que expulse el aire retenido. Amásela ligeramente, divídala en dos partes y extiéndalas en forma de círculo de 5 mm de grosor. Páselas a una bandeja de horno ligeramente engrasada y levante los cantos con los dedos para formar un pequeño reborde.

4 Para preparar la cobertura, disponga las rodajas de tomate y las lonchas de mozzarella de forma alterna sobre las bases de pizza. Salpimiéntelas, esparza la albahaca por encima y rocíelas con el aceite de oliva. Cueza las pizzas en el horno precalentado a 230 °C durante 15 o 20 minutos, hasta que la masa esté crujiente y el queso se haya fundido. Sírvalas enseguida.

blinis

ingredientes

PARA 8 UNIDADES

120 g de harina de trigo sarraceno
120 g de harina de trigo duro
7 g de levadura seca
1 cucharadita de sal
375 ml de leche tibia
2 huevos, 1 entero y otro con la yema separada de la clara
aceite vegetal, para untar
crema agria y salmón ahumado, para servir

preparación

1 Tamice ambas harinas en un cuenco caliente y añada la levadura y la sal. Agregue la leche, el huevo entero y la yema, y bata la mezcla hasta que adquiera una consistencia suave. Cubra el cuenco y deje reposar la masa en un lugar cálido 1 hora.

2 Bata la clara de huevo a punto de nieve y añádala a la masa. Unte una sartén de base gruesa con aceite y póngala a fuego medio-alto. Cuando la sartén esté caliente, vierta la masa suficiente para formar un blini del tamaño de un platito de postre.

3 Cuando se formen burbujas, dele la vuelta con una espátula y cuézalo por el otro lado hasta que esté ligeramente dorado. Envuélvalo en un paño de cocina limpio para mantenerlo caliente mientras prepara el resto. Sirva los blinis calientes con crema agria y salmón ahumado.

productos salados

Este capítulo contiene recetas para preparar creativas y deliciosas tartas y tartaletas saladas. También contiene estupendas recetas para muffins, ideales como tentempié, así como para bocaditos que podrá servir como aperitivos acompañados de unas bebidas.

Preparar la masa para la tarta puede resultarle difícil si dispone de poco tiempo, así es que puede utilizar la que venden ya preparada. No obstante, la Tarta de verduras de primavera y la Tarta de calabacín amarillo llevan un poco de queso parmesano en la masa, lo que les da un toque especial, de modo que, si puede, es mejor que intente preparar la masa usted mismo. Las tartaletas quedan muy bien en un bufet libre y están todas riquísimas. Especialmente elegantes son las Tartaletas de alcachofa y panceta, las Tartaletas de salmón ahumado, eneldo y rábano picante, y las Tartaletas de queso feta y espinacas.

De entre los muffins destacan los de puerro y jamón cocido, los Muffins a las hierbas con queso ahumado y los Muffins con crema agria y cebollino, ideales para los más pequeños de la casa.

Los aperitivos horneados en casa resultan impresionantes. Si quiere que su cena con invitados empiece con buen pie, sirva unos Bocaditos especiados para cóctel, unas Palmeritas al pesto o unos Bocaditos de queso y romero.

tarta triple de tomate

ingredientes

PARA 6 PERSONAS

harina, para espolvorear
250 g de masa de hojaldre ya preparada

cobertura

3 cucharadas de concentrado de tomate secado al sol
250 g de tomates madurados en la mata cortados en rodajas
150 g de tomates cereza partidos por la mitad
2 ramitas de romero fresco
2 cucharadas de aceite de oliva virgen extra
1 cucharada de vinagre balsámico
1 yema de huevo
125 g de rodajas de salami picadas
sal y pimienta
1 puñado de ramitas de tomillo

preparación

1 Extienda la masa de hojaldre sobre una superficie ligeramente enharinada para formar un rectángulo de 36 x 25 cm. Levante la masa con cuidado y deposítela en una bandeja de horno. Extienda el concentrado de tomate por encima, dejando un margen de 3 cm por los bordes. Distribuya las rodajas de tomate sobre el concentrado, después añada el tomate cereza y, por último, esparza el romero. Rocíelo todo con 1 cucharada de aceite de oliva y el vinagre balsámico.

2 Unte los bordes de la masa con la yema de huevo y hornee la tarta 10 minutos en el horno precalentado a 190 °C. Esparza por encima los trocitos de salami y hornéela durante 10 o 15 minutos más.

3 Saque la tarta del horno y salpimiéntela. Rocíela con el resto de aceite de oliva y esparza el tomillo por encima.

tarta de cangrejo y berros

ingredientes

PARA 6 PERSONAS

masa

- 125 g de harina
- 1 pizca de sal
- 75 g de mantequilla fría troceada
- agua fría

relleno

- 300 g de carne de cangrejo blanca y oscura ya preparada
- 1 puñado de berros lavados y con las hojas separadas de los tallos
- 50 ml de leche
- 2 huevos grandes y 3 yemas extra
- 200 ml de nata espesa
- sal y pimienta
- 1/2 cucharadita de nuez moscada molida
- 1/2 manojo de cebollino fresco troceado
- 2 cucharadas de queso parmesano rallado fino
- ramitas de berro fresco, para adornar

preparación

1 Engrase ligeramente con mantequilla un molde acanalado para tartas de base desmontable y 22 cm de diámetro. Tamice la harina y la sal en un robot de cocina, añada la mantequilla y mézclelo todo hasta que tenga la consistencia del pan rallado fino. Agregue la cantidad de agua suficiente para ligar la masa.

2 Pásela a una superficie enharinada y extiéndala hasta que sea 8 cm más grande que el molde. Levántela con cuidado, deposítela en el molde y presiónela para que encaje en él. Pase el rodillo por los bordes para eliminar el exceso de masa. Coloque un trozo de papel vegetal sobre la base, ponga unas judías secas encima como peso y manténgala en el frigorífico 30 minutos.

3 Retire la base de masa del frigorífico, cuézala 10 minutos en el horno precalentado a 190 °C y, a continuación, retire las judías y el papel vegetal. Hornéela otros 5 minutos más. Retírela del horno y baje la temperatura a 160 °C.

4 Disponga la carne de cangrejo y los berros sobre la masa. En un cuenco, bata la leche con los huevos y las yemas. Caliente la nata espesa sin que llegue a hervir y viértala sobre la mezcla de huevo sin dejar de batir. Sazone con sal, pimienta y nuez moscada, y añada el cebollino. Con cuidado, vierta esta mezcla sobre la carne de cangrejo y los berros, y espolvoréelo todo con el parmesano rallado. Hornee la tarta 35 o 40 minutos, hasta que esté dorada y haya cuajado. Déjela reposar 10 minutos antes de servirla con unas ramitas de berro.

tarta de queso de cabra y tomillo

ingredientes

PARA 6 PERSONAS

250 g de masa de hojaldre ya preparada

cobertura

500 g de queso de cabra cortado en lonchas finas
3-4 ramitas de tomillo fresco con las hojas separadas del tallo
50 g de aceitunas negras deshuesadas
50 g de anchoas de lata conservadas en aceite de oliva
1 cucharada de aceite de oliva
sal y pimienta
1 yema de huevo
ramitas de tomillo fresco, para adornar

preparación

1 Extienda la masa en forma de círculo o rectángulo y colóquela en una bandeja de horno.

2 Reparta las lonchas de queso sobre la masa, dejando un margen de unos 2,5 cm alrededor. Esparza por encima el tomillo y las aceitunas, y coloque las anchoas sobre el queso. Rocíelo todo con el aceite de oliva. Salpimiéntelo generosamente y unte los bordes de la masa con la yema de huevo.

3 Cueza la tarta en el horno precalentado a 190 °C de 20 a 25 minutos, hasta que el queso burbujee y la masa esté dorada. Adórnela con ramitas de tomillo fresco.

tarta de verduras de primavera

ingredientes

PARA 6 PERSONAS

masa

250 g de harina
1 pizca de sal
125 g de mantequilla fría troceada
50 g de queso parmesano rallado
1 huevo
agua fría

relleno

300 g de verduras de primavera tiernas, como zanahorias, espárragos, guisantes, habas, cebolletas, mazorquitas de maíz y puerros, peladas y limpias cuando sea necesario
300 ml de nata espesa
125 g de queso cheddar curado rallado
2 huevos y 3 yemas extra
sal y pimienta
1 puñado de estragón y perejil frescos picados

preparación

1 Engrase con mantequilla un molde para tartas de base desmontable y 25 cm de diámetro. Tamice la harina y la sal en un robot de cocina, añada la mantequilla, mézclelo todo y páselo a un cuenco. Añada el parmesano rallado. En un bol, mezcle el huevo con el agua. Agregue casi toda la mezcla de huevo a la de harina y elabore una masa de consistencia suave, utilizando más mezcla de huevo si fuera preciso. Pásela a una superficie enharinada y extiéndala hasta que sea 8 cm más grande que el molde. Levántela con cuidado, deposítela sobre el molde y presiónela para que encaje en él. Pase el rodillo por los bordes para eliminar el exceso de masa. Coloque un trozo de papel vegetal sobre la base, ponga unas judías secas encima como peso y métala en el frigorífico 30 minutos.

2 Hornee la base de tarta en seco 15 minutos en el horno precalentado a 200 °C; luego, retire las judías y el papel vegetal. Hornéela 5 minutos más. Retírela y baje la temperatura del horno a 180 °C.

3 Corte las verduras en trocitos y escáldelas en agua hirviendo. Escúrralas y déjelas enfriar. En un cazo, lleve la nata espesa casi a ebullición. Ponga en un cuenco refractario el queso, los huevos y las yemas, y vierta la nata espesa caliente encima. Remuévalo todo, salpimiéntelo y añada las hierbas. Disponga las verduras sobre la base de tarta, vierta encima el relleno de queso y hornee la tarta de 30 a 40 minutos, hasta que haya cuajado. Déjela enfriar en el horno 10 minutos antes de servirla.

tarta de calabacín amarillo

ingredientes

PARA 6 PERSONAS

mantequilla, para engrasar
1 porción de masa para tarta de queso (*véase* pág. 200)
harina, para espolvorear

relleno

2 calabacines amarillos grandes
1 cucharada de sal
3 cucharadas colmadas de mantequilla sin sal
1 manojo de cebolletas limpias cortadas en rodajas
150 ml de nata espesa
3 huevos grandes
sal y pimienta blanca
1 puñado pequeño de cebollino fresco picado

preparación

1 Engrase con mantequilla un molde para tartas de base desmontable y 25 cm de diámetro. Extienda la masa sobre una superficie ligeramente enharinada hasta que sea unos 8 cm más grande que el molde. Levántela con cuidado, deposítela sobre el molde y presiónela para que encaje en él. Pase el rodillo por los bordes para eliminar el exceso de masa. Coloque un trozo de papel vegetal sobre la base, ponga unas judías secas encima como peso y métala en el frigorífico 30 minutos.

2 Hornee la base de tarta 15 minutos en el horno precalentado a 200 °C y, a continuación, retire las judías y el papel vegetal. Hornéela 5 minutos más. Retírela y baje la temperatura del horno a 180 °C.

3 Mientras tanto, ralle el calabacín y póngalo en un escurridor con 1 cucharada de sal. Déjelo escurrir durante 20 minutos, después lávelo y póngalo sobre un paño de cocina limpio. Presiónelo ligeramente para eliminar cualquier resto de humedad. Manténgalo seco.

4 Funda la mantequilla en una sartén ancha y saltee la cebolleta hasta que esté tierna. A continuación, incorpore el calabacín y fríalo a fuego medio 5 minutos, hasta que se haya evaporado todo el líquido. Deje enfriar ambas hortalizas ligeramente. Bata bien la nata espesa con los huevos, la sal, la pimienta y el cebollino. Con una cuchara, disponga el calabacín sobre la base de tarta y vierta la crema encima, asegurándose de que queda bien repartida. Hornee la tarta unos 30 minutos y sírvala caliente o fría.

tarta de calabaza, salvia y queso gorgonzola

ingredientes

PARA 6 PERSONAS

mantequilla, para engrasar
1 porción de masa para tarta (*véase* pág. 196)
harina, para espolvorear

relleno

1/2 calabaza almizclera pequeña o 1 tajada de ayote de unos 250 g
1 cucharadita de aceite de oliva
250 ml de nata espesa
sal y pimienta
175 g de queso gorgonzola
2 huevos, más 1 yema extra
6-8 hojas de salvia fresca

preparación

1 Corte la calabaza por la mitad y unte la parte cortada con el aceite. Póngala boca arriba en una bandeja de hornear y hornéela de 30 a 40 minutos, hasta que esté dorada y bien tierna. Déjela enfriar. Retírele las semillas y pase la pulpa a un cuenco. Deseche la piel.

2 Engrase con mantequilla un molde acanalado para tartas de base desmontable y 22 cm de diámetro. Extienda la masa sobre una superficie ligeramente enharinada hasta que sea 8 cm más grande que el molde. Levántela con cuidado, deposítela sobre el molde y presiónela para que encaje en él. Pase el rodillo por los bordes para eliminar el exceso de masa. Coloque un trozo de papel vegetal sobre la base, ponga unas judías secas encima como peso y métala en el frigorífico 30 minutos. A continuación, hornee la base de tarta 10 minutos en el horno precalentado a 190 °C. Retire las judías y el papel vegetal, y hornéela otros 5 minutos.

3 Haga un puré con la calabaza, mézclelo con la mitad de la nata, salpimiéntelo y viértalo sobre la masa. Corte el queso en lonchas y dispóngalas sobre el relleno. Bata el resto de nata espesa con los huevos y la yema, y vierta la mezcla en la tarta, asegurándose de que queda bien repartida. Disponga decorativamente las hojas de salvia en la superficie. Hornee la tarta 30 o 35 minutos y déjela 10 minutos en el molde antes de servirla.

tartaletas de alcachofa y panceta

ingredientes

PARA 6 UNIDADES

mantequilla, para engrasar
1 porción de masa para tarta (*véase* pág. 196)
harina, para espolvorear

relleno

5 cucharadas de nata espesa
4 cucharadas de pasta de alcachofas envasada
sal y pimienta
400 g de corazones de alcachofa de lata escurridos
12 lonchas de panceta finas
hojas de ruqueta
50 g de queso parmesano o romano
2 cucharadas de aceite de oliva, para rociar

preparación

1 Engrase con mantequilla seis moldes acanalados para tartaletas de base desmontable y 9 cm de diámetro. Divida la masa en seis partes. Extiéndalas sobre una superficie ligeramente enharinada hasta que tengan el tamaño suficiente y encájelas con cuidado en los moldes. Pase el rodillo por los bordes para eliminar el exceso de masa. Recorte seis trozos de papel vegetal y coloque un trozo sobre cada tartaleta, ponga unas judías secas encima a modo de peso y métalas en el frigorífico unos 30 minutos.

2 Hornee las bases de tartaleta en seco 10 minutos en el horno precalentado a 200 °C y, a continuación, retire las judías y el papel vegetal.

3 Mientras tanto, mezcle la nata con la pasta de alcachofas y salpimiéntelo. Reparta el relleno entre las tartaletas, extendiéndolo bien para recubrir toda la base. Corte cada corazón de alcachofa en tres trozos y repártalos entre las tartaletas. Coloque dos lonchas de panceta dobladas en cada tartaleta. Hornéelas unos 10 minutos.

4 Para servir las tartaletas, corónelas con hojas de ruqueta y raspe el parmesano encima con un pelapatatas. Rocíelas con el aceite de oliva y sírvalas enseguida.

tartaletas de salmón ahumado, eneldo y rábano picante

ingredientes

PARA 6 UNIDADES

1 porción de masa para tarta (*véase* pág. 196)

relleno

125 ml de crema agria

1 cuchadita de crema de rábano picante

½ cucharadita de zumo de limón

1 cucharadita de alcaparras picadas

sal y pimienta

3 yemas de huevo

200 g de recortes de salmón ahumado

1 puñado de eneldo fresco picado

preparación

1 Engrase con mantequilla seis moldes acanalados para tartaletas de base desmontable y 9 cm de diámetro. Divida la masa en 6 partes. Extiéndalas sobre una superficie ligeramente enharinada hasta que tengan el tamaño suficiente y encájelas con cuidado en los moldes. Pase el rodillo por los bordes para eliminar el exceso de masa. Recorte seis trozos de papel vegetal y coloque un trozo sobre cada tartaleta, ponga unas judías secas encima a modo de peso y déjelas en el frigorífico 30 minutos.

2 Hornee las bases de tartaleta en seco 10 minutos en el horno precalentado a 200 °C y, a continuación, retire las judías y el papel vegetal.

3 Mientras tanto, mezcle en un bol la nata con la crema de rábano picante, el zumo de limón, las alcaparras, la sal y la pimienta. Remuévalo todo bien. A continuación, incorpore las yemas de huevo, el salmón ahumado y el eneldo, y mézclelos con cuidado. Reparta la mezcla entre las tartaletas y hornéelas otros 10 minutos. Déjelas enfriar en los moldes 5 minutos antes de servirlas.

tartaletas de queso azul y nueces

ingredientes

PARA 12 UNIDADES

masa

100 g de mantequilla fría troceada, y un poco más para engrasar
250 g de harina, y un poco más para espolvorear
1 pizca de sal de apio
40 g de nueces picadas en la picadora
agua fría

relleno

2 cucharadas de mantequilla
2 ramas de apio limpias y picadas
1 puerro pequeño limpio y picado
200 ml de nata espesa, y 2 cucharadas más
200 g de queso azul
sal y pimienta
3 yemas de huevo
perejil picado, para adornar

preparación

1 Engrase ligeramente con mantequilla un molde múltiple para 12 muffins o magdalenas de 7,5 cm de diámetro. Tamice la harina y la sal de apio en un robot de cocina, añada la mantequilla y mézclelo todo hasta que adquiera la consistencia del pan rallado. Pase la mezcla a un cuenco, añada las nueces y la cantidad de agua fría suficiente para ligar la masa.

2 Pásela a una superficie enharinada y divídala en dos partes. Extienda la primera y recorte 6 círculos de 9 cm de diámetro. Extienda cada círculo hasta que tenga 12 cm y póngalos en los huecos del molde. Repita el proceso con el resto de la masa. Coloque un trozo de papel vegetal sobre cada base de masa y añada encima judías secas. Deje enfriar las tartaletas en el frigorífico 30 minutos y luego cuézalas 10 minutos en el horno precalentado a 200 °C. Retire el papel y las judías.

3 Funda la mantequilla en una sartén y sofría el apio y el puerro 15 minutos, hasta que estén tiernos. Añada 2 cucharadas de nata y el queso desmenuzado. Salpimiente la mezcla y remuévala bien. Lleve el resto de nata casi a ebullición en un cazo y viértala sobre las yemas de huevo, removiendo. Añádale la mezcla de queso azul, remuévalo todo bien y con una cuchara rellene las bases de masa. Hornee las tartaletas 10 minutos, gire el molde y hornéelas 5 minutos más. Déjelas enfriar en el molde y espolvoréelas con perejil.

tartaletas de queso feta y espinacas

ingredientes

PARA 6 UNIDADES

1 porción de masa para tarta (*véase* pág. 196) con 1/2 nuez moscada recién rallada añadida a la harina

relleno

225 g de espinacas tiernas
2 cucharadas de mantequilla
sal y pimienta
150 ml de nata espesa
3 yemas de huevo
125 g de queso feta
25 g de piñones
tomates cereza y ramitas de perejil, para adornar

preparación

1 Engrase con mantequilla seis moldes acanalados para tartaletas de base desmontable y 9 cm de diámetro. Divida la masa en seis partes. Extiéndalas sobre una superficie ligeramente enharinada hasta que tengan el tamaño suficiente y encájelas con cuidado en los moldes. Pase el rodillo por los bordes para eliminar el exceso de masa. Recorte seis trozos de papel vegetal y coloque un trozo sobre cada tartaleta, ponga unas judías secas encima a modo de peso y métalas en el frigorífico unos 30 minutos.

2 Hornee las bases de tartaleta en seco 10 minutos en el horno precalentado a 200 °C y, a continuación, retire las judías y el papel vegetal.

3 Escalde las espinacas en agua hirviendo 1 minuto, escúrralas y presiónelas para eliminar el agua. Píquelas. Luego funda la mantequilla en una sartén y rehogue en ella las espinacas para que se evapore cualquier resto de líquido. Salpimiéntelas bien. Agregue la nata y las yemas de huevo. Desmenuce el feta y repártalo entre las tartaletas. Vierta encima la crema de espinacas y hornee las tartaletas 10 minutos. Esparza los piñones por encima y hornéelas 5 minutos más. Adórnelas con tomates cereza y unas ramitas de perejil.

tartaletas de tomates cereza y semillas de amapola

ingredientes

PARA 12 UNIDADES

masa

100 g de mantequilla fría troceada, y un poco más para engrasar
200 g de harina, y un poco más para espolvorear
1 pizca de sal
2 cucharaditas de semillas de amapola
agua fría

relleno

24 tomates cereza
1 cucharada de aceite de oliva
2 cucharadas de mantequilla sin sal
2 cucharadas de harina
250 ml de leche
sal y pimienta
50 g de queso cheddar curado
100 g de queso cremoso
12 hojas de albahaca fresca

preparación

1 Engrase ligeramente con mantequilla un molde múltiple para 12 muffins o magdalenas de 7,5 cm de diámetro. Tamice la harina y la sal en un robot de cocina, añada la mantequilla y mézclelo todo hasta que adquiera la consistencia del pan rallado. Pase la mezcla a un cuenco, y añada las semillas de amapola y la cantidad de agua fría suficiente para ligar la masa.

2 Pase la masa a una superficie enharinada y divídala en dos partes. Extienda la primera y recorte 6 círculos de 9 cm de diámetro. Extienda cada círculo hasta que tenga 12 cm y póngalos en los huecos del molde. Repita el proceso con el resto de la masa. Coloque papel vegetal sobre cada base de masa y añada encima judías secas. Deje enfriar las tartaletas en el frigorífico 30 minutos y luego cuézalas 10 minutos en el horno precalentado a 200 °C. Retire el papel y las judías.

3 Ponga los tomates en una fuente para el horno, rocíelos con aceite de oliva y áselos 5 minutos.

4 Funda la mantequilla en un cazo, añada la harina y dórela entre 5 y 8 minutos. Vaya añadiendo la leche poco a poco, sin dejar de remover, y cuézalo todo 5 minutos más. Salpimiente la mezcla e incorpore los quesos, removiendo hasta que estén bien mezclados. Ponga dos tomates en cada base de tartaleta, cúbralos con unas cucharadas de mezcla de queso y hornee las tartaletas 15 minutos. Sáquelas del horno y adorne cada tartaleta con una hoja de albahaca.

tartaletas de berenjena, pesto y jamón curado

ingredientes

PARA 6 UNIDADES

harina, para espolvorear
250 g de masa de hojaldre ya preparada

relleno

1 berenjena grande o 2 pequeñas despuntadas y cortadas en rodajas
5 cucharadas de aceite de oliva
3 quesitos mozzarella de búfala cortados en lonchas
6 cucharadas de pesto
pimienta
1 yema de huevo
6 lonchas de jamón curado

preparación

1 Extienda la masa sobre una superficie ligeramente enharinada y divídala en seis partes. Extienda cada parte en círculos o rectángulos y colóquelos en dos bandejas para el horno, tres en cada una.

2 Unte las rodajas de berenjena con 2 cucharadas de aceite de oliva y fríalas brevemente por tandas en una sartén antiadherente. Reparta las rodajas de berenjena entre las bases de masa, dejando un margen de unos 2,5 cm alrededor. Disponga las lonchas de mozzarella sobre la berenjena y vierta unas cucharadas de pesto encima. Rocíelo todo con el resto del aceite de oliva y sazónelo con pimienta.

3 Unte los bordes de la masa con la yema de huevo y cueza las tartaletas 15 minutos en el horno precalentado a 190 °C. Sáquelas del horno y coloque una loncha de jamón curado encima de cada tartaleta antes de servirlas.

muffins de pollo picante

ingredientes

PARA 12 UNIDADES

- 125 ml de aceite de girasol o de cacahuete, y un poco más para untar
- 2 cebollas picadas
- 3 cebolletas picadas
- 1 guindilla roja fresca pequeña, despepitada y picada
- 3 muslos de pollo deshuesados, sin piel y picados
- 1 cucharadita de pimentón
- 300 g de harina leudante
- 1 cucharadita de levadura en polvo
- 2 huevos grandes
- 1 cucharada de zumo de limón
- 1 cucharada de ralladura de limón
- 1 cucharada de crema agria
- 125 ml de yogur
- sal y pimienta

preparación

1 Unte un molde múltiple para 12 muffins o magdalenas con aceite de girasol o fórrelo con 12 capacillos de papel. Caliente un poco del resto del aceite en una sartén y sofría la cebolla, la cebolleta y la guindilla a fuego lento, removiéndolo todo con frecuencia, durante 3 minutos. Retire los ingredientes de la sartén y resérvelos. Caliente un poco más de aceite en la sartén, eche el pollo y el pimentón, y fríalos a fuego medio durante 5 minutos sin dejar de remover. Retire el pollo del fuego y resérvelo.

2 Tamice la harina y la levadura en polvo en un cuenco. En un bol aparte, bata ligeramente los huevos y añada el aceite que quede junto con el zumo y la ralladura de limón. Agregue la crema agria, añada después el yogur y mézclelo todo. Incorpore la mezcla de huevo a la de harina y, con cuidado, añada la cebolla, la cebolleta, la guindilla y el pollo. Salpimiente la mezcla. No remueva demasiado la pasta, ya que no importa que queden algunos grumos.

3 Reparta la mezcla entre los 12 huecos del molde (deberían estar llenos hasta arriba) e introdúzcalo en el horno precalentado a 190 °C. Hornee los muffins 20 minutos, hasta que hayan subido y estén dorados. Sáquelos del horno y sírvalos calientes, o bien déjelos enfriar sobre una rejilla metálica.

muffins de puerro y jamón cocido

ingredientes

PARA 12 UNIDADES

2 cucharadas de aceite de girasol o de cacahuete, y un poco más para untar (si lo utiliza)
1 puerro limpio y picado
280 g de harina
2 cucharaditas de levadura en polvo
1/2 cucharadita de bicarbonato sódico
1 huevo grande ligeramente batido
300 ml de yogur espeso colado
4 cucharadas de mantequilla fundida
25 g de queso cheddar rallado
25 g de cebollino fresco en aritos finos
150 g de jamón cocido picado

preparación

1 Unte un molde múltiple para 12 muffins o magdalenas con aceite de girasol o fórrelo con 12 capacillos de papel. Caliente el resto del aceite en una sartén y sofría el puerro a fuego lento durante 2 minutos sin dejar de removerlo. Retírelo del fuego y déjelo enfriar.

2 Tamice la harina, la levadura en polvo y el bicarbonato sódico en un cuenco. En un bol aparte, bata ligeramente el huevo con el yogur y la mantequilla fundida. Añada el queso rallado, el cebollino, el puerro cocido y la mitad del jamón, y remuévalo todo bien. Incorpore la mezcla de queso a la de harina y remuévalo todo con suavidad, pero sin excederse, ya que no pasa nada si quedan algunos grumos.

3 Reparta la pasta entre los 12 huecos del molde (deberían estar llenos 2/3 de su capacidad). Esparza el resto del jamón picado por encima y cueza los muffins en el horno precalentado a 200 °C durante 20 minutos, hasta que hayan subido y estén dorados. Sáquelos del horno y sírvalos calientes, o bien déjelos enfriar sobre una rejilla metálica.

muffins de patata y panceta

ingredientes

PARA 12 UNIDADES

1 cucharada de aceite de girasol o de cacahuete, y un poco más para untar (si lo utiliza)
3 chalotes picados
350 g de harina leudante
1 cucharadita de sal
450 g de patatas cocidas hechas puré
2 huevos grandes
350 ml de leche
125 ml de crema agria
1 cucharada de cebollino fresco en aritos finos
150 g de panceta asada troceada
4 cucharadas de queso cheddar rallado

preparación

1 Unte un molde múltiple para 12 muffins con aceite de girasol o fórrelo con 12 capacillos de papel. Caliente el resto del aceite en una sartén y sofría el chalote a fuego lento 2 minutos sin dejar de removerlo. Retírelo del fuego y déjelo enfriar.

2 Tamice la harina y la sal en un cuenco. En un bol aparte, mezcle el puré de patata con el chalote, los huevos, la leche, la crema agria, el cebollino y la mitad de la panceta. Incorpore la mezcla de patata a la de harina y remuévalo todo con suavidad, pero sin excederse, ya que no pasa nada si quedan algunos grumos.

3 Reparta la pasta entre los 12 huecos del molde (deberían estar llenos 2/3 de su capacidad). Esparza el resto de la panceta y el queso rallado por encima y cueza los muffins en el horno precalentado a 200 °C durante unos 20 minutos, hasta que hayan subido y estén dorados. Sáquelos del horno y sírvalos calientes, o bien déjelos enfriar sobre una rejilla metálica.

muffins de cangrejo y queso cremoso

ingredientes

PARA 12 UNIDADES

1 cucharada de aceite de girasol o de cacahuete, y un poco más para untar (si lo utiliza)
280 g de harina
1 1/2 cucharaditas de levadura en polvo
1/2 cucharadita de bicarbonato sódico
1/2 cucharadita de sal
1 huevo grande
150 ml de yogur
150 ml de crema agria
25 g de queso cheddar rallado
1 cucharada de perejil picado
1 cucharada de eneldo fresco picado

relleno de cangrejo y queso cremoso

200 g de carne de cangrejo de lata escurrida
225 g de queso cremoso
2 cucharadas de mayonesa
sal y pimienta

preparación

1 Unte un molde para 12 muffins con aceite de girasol o fórrelo con 12 capacillos de papel. En un cuenco, tamice la harina, la levadura en polvo, el bicarbonato sódico y la sal.

2 En un bol aparte, bata ligeramente el huevo, añada el yogur y la crema agria, y mézclelo todo bien. Añada el queso rallado y las hierbas picadas. Incorpore la mezcla de queso a la de harina y remuévalo todo con suavidad; no pasa nada si quedan algunos grumos.

3 Reparta la pasta entre los 12 huecos del molde (deberían estar llenos 2/3 de su capacidad) y cueza los muffins en el horno precalentado a 200 °C durante 20 minutos, hasta que hayan subido y estén dorados.

4 Mientras tanto, prepare el relleno. Ponga en un cuenco la carne de cangrejo y desmenúcela con un tenedor. Añada el queso cremoso y la mayonesa, salpimiéntelo y mézclelo todo bien. Cubra el cuenco con film transparente y métalo en el frigorífico.

5 Pase los muffins a una rejilla metálica y déjelos enfriar a temperatura ambiente. Córtelos por la mitad a lo ancho. Extienda el relleno sobre la mitad inferior de los muffins, coloque la parte rebanada encima para que queden como un sándwich y sírvalos.

muffins a las hierbas con queso ahumado

ingredientes

PARA 12 UNIDADES

1 cucharada de aceite de girasol o de cacahuete, y un poco más para untar (si lo utiliza)
280 g de harina
2 cucharaditas de levadura en polvo
1/2 cucharadita de bicarbonato sódico
25 g de queso ahumado curado rallado
50 g de perejil picado
1 huevo grande ligeramente batido
300 ml de yogur espeso colado
4 cucharadas de mantequilla fundida

preparación

1 Unte un molde para 12 muffins con aceite de girasol o fórrelo con 12 capacillos de papel. En un cuenco, tamice la harina, la levadura en polvo y el bicarbonato sódico. Añada el queso ahumado y el perejil, y mézclelo todo bien.

2 En un bol aparte, bata ligeramente el huevo con el yogur y la mantequilla fundida. Una la mezla de yogur con la de harina y remuévalo todo con suavidad, pero sin excederse, ya que no pasa nada si quedan algunos grumos.

3 Reparta la pasta entre los 12 huecos del molde (deberían estar llenos 2/3 de su capacidad) y cueza los muffins en el horno precalentado a 200 °C durante 20 minutos, hasta que hayan subido y estén dorados. Sáquelos del horno y sírvalos calientes, o bien déjelos enfriar sobre una rejilla metálica.

muffins con crema agria y cebollino

ingredientes

PARA 12 UNIDADES

1 cucharada de aceite de girasol o de cacahuete, y un poco más para untar (si lo utiliza)
280 g de harina
2 cucharaditas de levadura en polvo
1/2 cucharadita de bicarbonato sódico
25 g de queso cheddar rallado
35 g de cebollino fresco en aritos, y un poco más para adornar
1 huevo grande ligeramente batido
200 ml de crema agria
100 ml de yogur natural
4 cucharadas de mantequilla fundida

preparación

1 Unte un molde para 12 muffins con aceite de girasol o fórrelo con 12 capacillos de papel. En un cuenco, tamice la harina, la levadura en polvo y el bicarbonato sódico. Añada el queso y el cebollino, y mézclelo todo bien.

2 En un bol aparte, bata ligeramente el huevo con la crema agria, el yogur y la mantequilla fundida. Una la mezla de crema agria con la de harina y remuévalo todo con suavidad, pero sin excederse, ya que no pasa nada si quedan algunos grumos.

3 Reparta la pasta entre los 12 huecos del molde (deberían estar llenos 2/3 de su capacidad). Espolvoree los muffins con el resto de cebollino para adornarlos y cuézalos en el horno precalentado a 200 °C durante unos 20 minutos, hasta que hayan subido y estén dorados. Sáquelos del horno y sírvalos calientes, o bien déjelos enfriar sobre una rejilla metálica.

bocaditos especiados para cóctel

ingredientes

PARA 20 UNIDADES

120 g de mantequilla, y un poco más para engrasar
140 g de harina, y un poco más para espolvorear
2 cucharaditas de curry
85 g de queso cheddar rallado
2 cucharaditas de semillas de amapola
1 cucharadita de kalonji
1 yema de huevo
semillas de comino, para espolvorear

preparación

1 Engrase dos bandejas para el horno con un poco de mantequilla. Tamice la harina y el curry en un cuenco. Trocee la mantequilla y añádala a la harina. Trabaje la mezcla hasta que adquiera la consistencia del pan rallado y, a continuación, añada el queso, las semillas de amapola y el kalonji. Incorpore la yema de huevo y mézclelo todo hasta obtener una masa firme.

2 Envuelva la masa en film transparente y métala 30 minutos en el frigorífico. Extiéndala sobre una superficie enharinada en una lámina de 3 mm de grosor y, con varios cortapastas, vaya recortando figuras. Una y extienda los trocitos de masa restante y recorte más formas, hasta haber utilizado toda la masa.

3 Coloque las figuritas de masa en las bandejas para horno y espolvoréelas con las semillas de comino. Déjelas unos 15 minutos en el frigorífico y después cuézalas en el horno precalentado a 190 °C durante 20 minutos, hasta que estén doradas y crujientes. Sírvalas calientes o déjelas enfriar sobre una rejilla metálica.

bocaditos de queso al curry

ingredientes

PARA 40 UNIDADES

100 g de mantequilla ablandada, y un poco más para engrasar

100 g de harina, y un poco más para espolvorear

1 cucharadita de sal

2 cucharaditas de curry

100 g de queso semicurado rallado

100 g de queso parmesano recién rallado

preparación

1 Engrase ligeramente cuatro bandejas para el horno con un poco de mantequilla.

2 Tamice la harina y la sal en un cuenco. Añada el curry y ambos quesos rallados. Incorpore la mantequilla y trabaje la mezcla hasta obtener una masa de consistencia suave.

3 Extienda la masa sobre una superficie ligeramente enharinada hasta que quede un rectángulo no demasiado grueso. Recorte unos 40 redondeles con un cortapastas de 5 cm de diámetro y colóquelos en las bandejas de horno. Cuézalos en el horno precalentado a 180 °C de 10 a 15 minutos, hasta que estén dorados.

4 Deje enfriar ligeramente los bocaditos en las bandejas y después páselos a una rejilla metálica, hasta que estén completamente fríos y crujientes.

palmeritas al pesto

ingredientes

PARA 20 UNIDADES

mantequilla, para engrasar
harina, para espolvorear
250 g de masa de hojaldre ya preparada
3 cucharadas de pesto verde o rojo
1 yema de huevo batida con 1 cucharada de agua
25 g de queso parmesano recién rallado
ramitas de albahaca fresca, para adornar

preparación

1 Engrase una bandeja para el horno con un poco de mantequilla. Extienda la masa sobre una superficie enharinada y forme un rectángulo de 35 x 15 cm. Recorte los bordes con un cuchillo afilado. Distribuya el pesto sobre la masa de manera uniforme. Enrolle firmemente los extremos para que se encuentren en el centro de la masa.

2 Envuelva la masa en film transparente y déjela enfriar en el frigorífico 20 minutos, hasta que esté firme. Sáquela del frigorífico y retire el envoltorio. Úntela con la yema de huevo batida por todos los lados. Córtela en rebanadas de 1 cm de grosor y vaya colocándolas sobre la bandeja de horno preparada.

3 Cueza las palmeritas en el horno precalentado a 200 °C durante 10 minutos, hasta que estén doradas y crujientes. Sáquelas del horno y espolvoréelas inmediatamente con el parmesano rallado. Sírvalas calientes o déjelas sobre una rejilla metálica hasta que estén a temperatura ambiente. Adórnelas con ramitas de albahaca fresca.

palitos de queso

ingredientes

PARA 24 UNIDADES

120 g de harina, y un poco más para espolvorear

1 pizca de sal

1 cucharadita de curry

50 g de mantequilla, y un poco más para engrasar

50 g de queso cheddar rallado

1 huevo batido

semillas de amapola y de comino, para esparcir

preparación

1 Tamice en un cuenco la harina, la sal y el curry. Añada la mantequilla y trabaje la mezcla hasta que adquiera la consistencia del pan rallado. Incorpore el queso y la mitad del huevo y elabore una masa. Envuélvala en film transparente y déjela enfriar 30 minutos en el frigorífico.

2 Engrase ligeramente con mantequilla varias bandejas para el horno. Extienda la masa sobre una superficie enharinada hasta que tenga 5 mm de grosor. Córtela en tiras de 7,5 x 1 cm. Pellizque un poco las tiras por los costados y colóquelas en las bandejas de horno.

3 Pinte los palitos de queso con el resto del huevo y espolvoree la mitad con semillas de amapola y la otra mitad con semillas de comino. Cuézalos en el horno precalentado a 200 °C entre 10 y 15 minutos, hasta que estén dorados. Déjelos enfriar sobre una rejilla metálica.

bocaditos de queso y romero

ingredientes

PARA 40 UNIDADES

225 g de mantequilla fría cortada en dados, y un poco más para engrasar

250 g de harina, y un poco más para espolvorear

250 g de queso gruyer rallado

1/2 cucharadita de cayena

2 cucharaditas de hojas de romero fresco picado

1 yema de huevo batida con 1 cucharada de agua

preparación

1 Engrase ligeramente con mantequilla dos bandejas para el horno. Ponga en un robot de cocina la harina, la mantequilla, el queso, la cayena y el romero picado, y elabore una masa, agregando un poco de agua si fuera necesario para ligarla.

2 Extienda la masa sobre una superficie enharinada hasta que tenga un grosor de 5 mm. Recorte figuras en forma de corazón y estrella con cortapastas de 6 cm de diámetro.

3 Coloque las pastitas sobre las bandejas preparadas, cúbralas con film transparente y déjelas en el frigorífico 30 minutos, hasta que estén firmes. Píntelas con la yema de huevo batida y cuézalas en el horno precalentado a 180 °C durante 10 minutos, hasta que estén doradas. Déjelas enfriar en las bandejas unos 10 minutos y después sírvalas calientes, o bien cóloquelas sobre una rejilla metálica y espere a que se enfríen por completo.

tabla **de** equivalencias

Las equivalencias exactas de la siguiente tabla han sido redondeadas por conveniencia.

medidas de líquidos/sólidos

sistema imperial (EE UU)	sistema métrico
1/4 de cucharadita	1,25 mililitros
1/2 cucharadita	2,5 mililitros
3/4 de cucharadita	4 mililitros
1 cucharadita	5 mililitros
1 cucharada (3 cucharaditas)	15 mililitros
1 onza (de líquido)	30 mililitros
1/4 de taza	60 mililitros
1/3 de taza	80 mililitros
1/2 taza	120 mililitros
1 taza	240 mililitros
1 pinta (2 tazas)	480 mililitros
1 cuarto de galón (4 tazas)	950 mililitros
1 galón (4 cuartos)	3,84 litros
1 onza (de sólido)	28 gramos
1 libra	454 gramos
2,2 libras	1 kilogramo

temperatura del horno

fahrenheit	celsius	gas
225	110	1/4
250	120	1/2
275	140	1
300	150	2
325	160	3
350	180	4
375	190	5
400	200	6
425	220	7
450	230	8
475	240	9

longitud

sistema imperial (EE UU)	sistema métrico
1/8 de pulgada	3 milímetros
1/4 de pulgada	6 milímetros
1/2 pulgada	1,25 centímetros
1 pulgada	2,5 centímetros